通俗会计学

程勇　编著

北京
冶金工业出版社
2015

内容提要

本书分为会计理论、会计操作和会计核算组织程序与会计工作组织三篇，详细介绍了会计科目、账户、复式记账、会计凭证、账簿、财务报告等内容。书中既介绍了会计基本原理的详细内容，也叙述了会计操作的详细过程，并辅以大量范例；以通俗易懂、条理清晰的文字向读者普及会计知识，展现会计工作过程。

本书可作为高等院校会计专业教材或参考书，也可作为非会计专业的求职及在职人员等大众读者的入门读物。

图书在版编目(CIP)数据

通俗会计学/程勇编著．—北京：冶金工业出版社，2015.8

ISBN 978-7-5024-7084-5

Ⅰ．①通…　Ⅱ．①程…　Ⅲ．①会计学　Ⅳ．①F230

中国版本图书馆 CIP 数据核字(2015)第 240376 号

出 版 人　谭学余
地　　址　北京市东城区嵩祝院北巷 39 号　邮编　100009　电话　(010)64027926
网　　址　www.cnmip.com.cn　电子信箱　yjcbs@cnmip.com.cn
责任编辑　曾　媛　美术编辑　吕欣童　版式设计　孙跃红
责任校对　卿文春　责任印制　牛晓波
ISBN 978-7-5024-7084-5
冶金工业出版社出版发行；各地新华书店经销；固安华明印业有限公司印刷
2015 年 8 月第 1 版，2015 年 8 月第 1 次印刷
169mm×239mm；11.5 印张；302 千字；174 页
39.00 元

冶金工业出版社　投稿电话　(010)64027932　投稿信箱　tougao@cnmip.com.cn
冶金工业出版社营销中心　电话　(010)64044283　传真　(010)64027893
冶金书店　地址　北京市东四西大街 46 号(100010)　电话　(010)65289081(兼传真)
冶金工业出版社天猫旗舰店　yjgycbs.tmall.com

前　言

会计是经济管理的重要组成部分。随着中国市场经济的发展和全球经济的大融合，新情况、新问题不断出现，我国会计制度也在不断地调整完善。会计信息是经济信息的主要来源，做好会计工作，是保证经济信息真实可靠，更好地为国民经济和全社会服务的基础。

会计学是系统性、逻辑性很强的一门学科，不仅是各类经济管理人员必备的基本技能，也是大量经商求职人员需要通晓的基础知识。学习掌握会计理论，需要循序渐进。尤其对于初学者，不按照程序步骤对会计学进行学习了解，很难将抽象深奥的会计理论读明白弄清楚。

本书是沈阳大学程勇近30年会计教学和会计实践经验的积累总结，创造性地将会计学枯燥的理论进行通俗讲解，以全新的视角解析会计学理论内容和实际操作过程，使读者对会计学科进行全新认识。按照会计科目、账户、复式记账的会计理论内容，以及从凭证、账簿、财务报告的会计操作过程这两条脉络，力求简明、准确、通俗地解析会计学。全书从简单、通俗到复杂、专业，讲解方法独特实用，对会计理论的介绍全面、明确，是会计学的普及读物，是会计理论初学者的必读之书。

由于作者水平所限，不妥之处，敬请读者批评指正。

编著者

2015年7月

目　录

上篇　会计理论：从会计科目、账户到复式记账

上篇

会计理论：从会计科目、账户到复式记账

会计科目、账户和复式记账，是会计理论的构成内容，三个方面相互独立又相互依赖，关系密切。会计属于经济管理活动，提供企业、单位（即会计主体）经济活动信息，为会计主体的管理层以及投资者、债权人等利益关联方和税务部门、工商管理部门、银行金融机构提供会计信息。

会计科目、账户、复式记账是会计理论的基本组成部分，它们相互联系，从简单到复杂，将会计逻辑性、系统性的特点显现出来。

会计科目只是会计核算的记账名称，是对会计对象具体内容，即资金运动进行分类形成的项目，反映经济活动的项目名称。账户是在会计科目基础上形成的，反映经济活动增减变化的工具。账户是以会计科目为名称，有多少会计科目就有多少账户。设置出来账户后，需要将经济业务内容登记入账。任何经济业务，都以相等的金额，在相互联系的两个或两个以上账户中进行登记，这种记账方法称为复式记账。没有会计科目和账户，复式记账就无从谈起。复式记账、借贷记账法，是当今世界各国普遍采用的记账方法。

1

会计核算基础——会计科目

1.1 会计要素

1.1.1 会计的由来

会计一词都很熟悉，有做会计工作的，有学会计专业的。从字面上解释，“会”字是从总体、宏观进行核算、计算的意思，“计”字是从具体、微观进行核算、计算的意思，两个字放在一起，就是全面核算计算，会计工作过程，就是核算计算过程。当然会计工作不只是这些内容，范围远远超过核算计算，只会算账也不是合格的会计。

会计的产生离不开经济发展，会计是社会经济发展到一定阶段的产物。人们在所进行的生产活动中，一方面制造出产品，创造价值，另一方面要付出代价，出现支出和耗费。产品生产者在产品的加工过程中，都是尽量以较少的支出和耗费，生产出更多的产品。因此，生产者不仅要改进生产技术，还要提高生产活动方方面面的管理水平。对劳动耗费和劳动成果的计量、记录、计算和比较，便产生了会计。会计核算过程就是劳动成果和劳动消耗之间的比较过程。

最初的会计只是生产职能的附带部分，是生产者在生产的同时，进行一些简单的记录、计算和比较工作。当社会经济发展到一定水平，出现剩余产品以后，会计职能才从生产职能中分离出来，成为独立职能，由专职人员进行记录计算工作。

从历史资料的记载中能够反映出我国会计的发展历程。我国3000多年前的西周时期，随着手工业的发展，社会经济活动日益活跃，对记录核算工作的要求日益强烈，“会计”一词应运而生。据《周礼》记载，当时朝廷设立了专门掌管钱粮赋税的官员——司会，以及单独的会计部门。会计有官厅会计和民间会计之分。伴随着社会生产的发展，会计记录计算的方式方法也越来越复杂。到秦朝，开始用“入”“出”作为记账符号，创立了记录会计事项的账簿。

随着社会经济的发展，会计核算的内容，从早期的只是对财产物资收支活动进行实物数量方面的记录和计算，发展到使用货币作为计量单位，综合反映经济活动情况。

唐、宋两代由于贸易和手工业快速发展，会计发展也较快，出现会计组织机构和核算方面的制度，账簿体系初步形成。宋朝创建运用了“四柱结算法”。所谓四柱，即旧管、新收、开除、实在四个方面。旧管相当于现代会计的期初结存，新收相当于现代会计的本期增加，开除相当于现代会计的本期减少，实在相当于现代会计的期末结存。四个方面的关系是：旧管＋新收＝开除＋实在。在旧管、新收、开除和实在四柱中，各反映经济活动的一个方面，相互衔接形成平衡关系。通过这种平衡关系既可以检查记账工作的正确性，又能反映生产活动的全貌。“四柱结算法”是我国古代会计工作的杰出成就。

到明朝，我国会计开始以货币作为计量单位进行核算。清朝时，出现“龙门账”和“四脚账”。龙门账的会计方法是，将经济业务划分成进、缴、存、该四大类，“进”即收入，“缴”即支出，“存”即资产，“该”即负债，四个方面的关系是：进－缴＝存－该。四脚账的会计方法是，对发生的记账事项，既要登记来账，又要登记去账，全面反映经济事项的全貌，显现出复式记账的雏形。

在国外，会计的发展同样受到经济发展的影响，海上贸易发达的意大利最具代表性。早在12世纪的意大利热那亚、威尼斯等城市，就出现了采用借贷复式记账法记账，称为“威尼斯簿记法”。1494年意大利数学家卢卡·帕乔利出版了《算术、几何、比与比例概要》。该书对威尼斯簿记法进行系统介绍，并结合数学理论，最早论述复式记账方法，是会计发展的里程碑，标志着近代会计的开始。后来，借贷记账法广泛传播，被世界各国所接受，是普遍采用的会计记账方法。

19世纪中期，西方会计核算方法传入我国，20世纪初，借贷记账法由日本传入我国。20世纪30年代，出现了改革中式簿记的风潮，形成了中式簿记与西式簿记并存的局面。新中国成立后，全面引进前苏联的会计模式，建立了适应高度计划经济体制下的会计制度。1978年改革开放以后，我国社会经济发展步伐不断加快。为适应经济发展需要，我国会计理论和法规、制度得以丰富和健全。1985年《中华人民共和国会计法》开始颁布实施，标志我国会计步入法制化轨道。1992年，为适应我国改革开放的需要，实现会计核算与国际惯例接轨，我国颁布了《企业会计准则》和《企业财务通则》，1993年7月1日开始执行。随着改革开放的深入发展，迫切需要建立完整的会计准则体系，我国会计法规制度的建设步伐不断加快。2000年12月29日颁布了《企业会计制度》，并于2001年1月1日在股份有限公司和其他经批准的企业实行。2005年1月1日开始实行《小企业会计制度》。2006年6月，财政部发布了新的会计准则体系，由一个基本准则和38个具体准则组成，并要求于2007年7月1日在上市公司率先实施，同时鼓励其他企业执行。为适应社会主义市场经济的客观要求，我国会计工作仍然处于不断调整、完善之中。

会计属于社会科学，是伴随着社会生产的发展而产生的。会计活动是经济管理活动的重要组成部分，是经济活动信息的主要来源渠道。随着社会经济的不断发展和经济管理内容的不断变化，会计的含义也在不断充实和完善之中。会计工作是社会经济活动健康发展的保障之一。经济越发展，会计越重要。马克思在《资本论》中曾经说过，“过程越是按社会的规模进行，越是失去纯粹个人的性质，作为对过程的控制和观念总结的簿记就越是必要。因此，簿记对资本主义生产，比对手工业和农民的分散生产更为必要，对公有生产，比对资本主义生产更为必要。”（《马克思恩格斯全集》第24卷，第152页）。这里所说的过程就是社会再生产过程，也就是社会经济发展过程，簿记就是会计。

会计是专业性、系统性、逻辑性较强的一门学科，是一项特点突出的经济管理活动。会计的概念可以表述为：

会计是以货币为主要计量单位，采用专门的方法和程序，对各单位的经济活动进行核算和监督，并提供经济信息和经营决策依据的管理活动。

通过会计的概念可以看出，会计与其他管理活动相比，有以下特点：

（1）会计核算以货币为主要计量单位。社会经济活动中的计量单位有三大类，实物量单位、劳动量单位和货币量单位，其中货币单位具有综合汇总功能。会计核算需要提供经济活动的全面信息资料，有必要选择具有综合性的计量单位，而实物单位和劳动单位不具有广泛的综合性。因此，会计主要采用货币单位进行经济活动的计量，实物量单位和劳动量单位只是作为货币单位的补充。

（2）会计核算以凭证为依据。日常发生经济活动的具体情况如何，都是通过大量票据（凭证）进行记载的。会计对各单位经济活动进行核算和监督，都以审核无误的书面凭证为依据。这样不仅能真实反映经济活动情况，而且能够检查核对，避免虚假。会计凭证的取得、填制和审核，是会计核算工作的起点，做好会计凭证工作，才能使会计工作顺利进行。

（3）会计核算采用专门方法和程序。会计作为经济管理活动的一种，重点是事后管理，即对经济活动发生结果的数量描述。在开展经济管理活动中，采用区别于其他经济管理活动的方法和程序，进行收集数据、加工数据，提供生产经营活动结果的信息。会计核算采用独特的方法和程序，这些方法和程序相互依存、相互促进，形成一套科学完整的体系。

会计核算和会计监督是会计的两大基本职能。

会计职能是指会计在经济管理中所具有的功能和作用。会计职能是明确会计工作内容，确定会计目标的基础。会计职能很多，会计核算、会计监督、会计预测、会计决策、会计分析等，但基本职能有两项：核算职能和监督职能，即马克思在《资本论》中所阐述的“对过程的控制和观念总结”，“控制”理解为监督，“观念总结”理解为核算或者是反映。

核算职能，也就是反映职能，是会计最基本职能或首要职能。核算职能是指利用价值量指标对各单位经济活动进行记录、计算、分类和汇总，将经济活动内容转换成会计信息的职能。会计核算提供的信息资料，是会计监督、会计预测、会计决策和会计分析的重要依据，是经济管理活动的基本内容。

会计核算职能的特点如下：

（1）会计核算以货币为主要计量单位。经济活动情况，无论是资金的投入、原材料的购入、生产过程的各种消耗、产品的销售以及利润的分配，都是通过数量方面反映经济活动情况，通过计量、记录获得数量指标。为对经济活动情况进行全面了解，会计主要通过价值量指标，辅以实物量指标和劳动量指标进行核算，提供反映经济活动情况的数据资料。

（2）会计核算主要是已经发生或已经完成的经济活动。会计核算的内容主要是已经发生或完成的经济业务，通过反映经济业务的有关凭证进行记录，然后按照凭证内容登记在账簿中，最后根据账簿资料编制财务报告，提供反映经济活动的概括信息。通过会计核算，不仅了解和考核经济活动的过程和结果，而且通过会计部门提供的大量经济运行资料，对未来的经济情况作出分析和预测。

（3）会计核算具有全面性、系统性、连续性。全面性是指会计核算主要以货币为主要计量单位，对经济活动进行全面确认、计量、记录和报告，不能有遗漏；系统性是指在进行会计核算过程中，采用凭证、账簿、复式记账等专门的方法，进行相互联系的记录和科学分类；连续性是指会计核算在生产准备、产品生产、销售等经济活动的全过程进行，不能间断。

监督职能也称控制职能，是指以国家的财经政策、规定以及企业内部会计制度为标准，以会计核算提供的信息为依据，对本单位经济活动及会计核算的合法性、合理性进行约束、控制的过程。会计监督从实施主体看，有单位内部会计监督、社会监督和国家监督三部分，构成三位一体的监督体系。

会计监督的特点如下：

（1）会计监督主要采用价值量指标进行。各单位的经济活动情况是通过货币单位进行反映的，提供一系列价值量指标，综合反映经济活动的过程和结果。因此，经济活动情况是否合法合规，主要通过价值量指标进行检查监督，全面考核和控制各单位经济活动情况。在价值量指标之外，还可以进行实物量指标的监督。

（2）会计监督具有强制性和严肃性。会计监督是依据财经法规和财经纪律来进行的，是《会计法》赋予会计机构和会计人员的权利，而且规定了监督者的法律责任。会计监督过程中，需要检查经济活动的合法性和合规性，对违法乱纪行为坚决制止，情节严重的需要承担法律责任。放弃监督，听之任之，都需要追究责任。

（3）会计监督是在经济活动的全过程进行监督。会计监督包括事前监督、事中监督和事后监督，贯穿于经济活动的全过程，经济活动不间断，会计核算不能停止，始终离不开会计监督。事前监督是指对经济活动的计划或方案进行审查；事中监督是指对正在发生的经济活动进行检查分析；事后监督是指对已经完成的经济活动进行考核评价。

作为会计两大基本职能的会计核算与会计监督，关系密切，相辅相成。会计核算为会计监督提供依据，是会计监督的基础，没有会计核算提供的信息资料，会计监督无法进行；会计监督是会计核算的质量保证，没有科学严格的会计监督，难以保证会计核算真实性、准确性，会计核算也失去了意义。实际工作中，各单位会计工作对经济活动既要核算，又要监督，只有把核算和监督结合起来，才能充分发挥会计工作在经济管理中的作用。

1.1.2 会计假设与会计信息质量要求

1.1.2.1 会计假设

会计所记录、计量的经济活动错综复杂，为了使会计工作顺利进行，需要对会计核算的时间、空间环境进行设定，即会计假设。会计假设又称会计核算基本前提，是指为保证会计工作正常开展和会计信息质量，在会计核算前，对所处的空间、时间、计量、确认做出的合理设定。会计假设是人们在会计工作中逐步认识和总结形成的，是开展会计工作，组织会计核算的前提条件和理论基础。会计假设包括会计主体、持续经营、会计分期、货币计量。

A 会计主体

会计主体是指会计为之服务的特定单位或组织。会计主体假设确定了会计工作的空间范围。凡是独立核算的单位都是会计主体。在会计主体假设下，企业应当对本身的交易或者事项进行会计确认、计量和报告，反映企业本身所从事的生产经营活动，明确界定会计主体是进行会计确认、计量与报告工作的重要前提。

明确会计主体，才能划定所要处理的交易或事项的范围，将会计主体的交易或事项与业主及其他会计主体的交易或事项相区别。

会计主体与法律主体不同。一般来说，一个法律主体必定是一个会计主体，而一个会计主体不一定是法律主体。例如，具有法人资格的企业，能够进行独立核算，提供反映本单位经营情况的财务报告，因此是会计主体；而企业下属的内部核算单位，虽然实行独立核算，是一个会计主体，但不是法律主体。

B 持续经营

持续经营是指会计主体在可预见的未来，长期地以当前规模和状态，以正常经营方式和既定经营目标持续经营下去。持续经营为日常会计核算提供了依据，解决了财产计价，费用和收益确认及计量问题。

市场经济条件下，企业经营存在风险。如果企业财务状况恶化，濒临破产倒闭，不能继续经营下去，需要改变会计核算的原则和方法，并在财务报告中进行及时披露，避免误导财务报告的使用者。

C 会计分期

会计分期是指将会计主体持续不断的生产经营过程划分为若干会计期间。通过会计期间，将持续的生产经营活动划分成连续、相同的时间间隔。一个会计期间结束后，结算盈亏，编制财务报告，提供会计信息。会计期间主要是确定会计年度。会计年度可以是日历年度，也可以是任何一个等长的年度。我国以日历年度作为会计年度。会计期间具体包括年度、半年、季度和月份。

会计分期假设，明确了当期与以前期间、以后期间的差别，便于确认、计量和报告企业的财务状况、经营成果，便于费用、收入归属期间的确认和应收、应付款的会计处理。

D 货币计量

货币计量是指会计主体在会计核算过程中，采用统一的货币为计量单位，计量、记录和提供会计信息。一般企业以人民币作为记账依据，即记账本位币。业务往来使用多种货币结算的企业，应选择人民币或某种外币作为记账本位币。编制财务报告应当统一采用人民币单位进行会计核算。

货币计量以币值稳定为前提，一般情况下不考虑币值的波动。不能使用货币计量的其他重要会计事项，应当在财务报告中以文字形式披露，以满足会计信息使用者的需求。

1.1.2.2 会计信息质量要求

会计信息质量要求是规范企业会计核算行为，提高会计信息质量的基本要求，是满足会计信息使用者应具备的基本特征。会计信息质量要求包括可靠性、有用性、清晰性、可比性、实质重于形式、重要性、谨慎性和及时性。

A 可靠性

可靠性是指会计核算工作要以实际发生的交易或事项为依据，如实反映企业的财务状况、经营成果，保证会计信息内容真实、数字准确、资料可靠。会计信息虚假，会误导信息使用者，会计目标无法实现。

B 有用性

有用性又称相关性。是指会计信息要满足信息使用者的需要。企业在收集、加工、处理和提供会计信息过程中，充分考虑会计信息使用者的需求，有助于信息使用者对企业的过去、现在或未来情况做出评价和预测。

C 清晰性

清晰性是指会计信息应当清晰明了，便于理解。清晰性要求日常会计核算资料清晰、简明、易懂，财务报告项目完整，数据准确，变化之处要解释说明。只有这样，才能提高会计信息的有用性，实现财务报告的目标，为会计信息使用者的决策提供有价值信息。

D 可比性

可比性是指不同企业及同一企业不同时期提供的会计信息要具有可比性。不同企业，应当采用规定的会计政策和会计处理方法，保证会计信息相互比较分析，满足决策需要。同一企业，在不同时期发生的相同或相似的交易或事项，应采用一致的会计政策，不能随意变更。会计处理方法的统一是保证会计信息可比的基础。

E 实质重于形式

实质重于形式是指企业应当按照交易或事项的经济实质进行会计确认、计量和报告，不应当仅以交易或事项的法律形式为依据。

在会计核算中，有些业务或事项的经济实质与法律形式不一致。如果仅仅以交易或事项的法律形式为依据进行会计确认、计量和报告，那么就容易导致会计信息失真，不能反映经济业务是实质。如企业购销活动中，要求以能够反映经济业务实质的、记录经济业务发生或完成情况的发票等票据作为会计核算的依据，而不是以具有法律效力的购销合同作为会计核算的依据。

F 重要性

重要性是指企业在会计核算中，区别交易或事项的重要程度，采用不同的会计信息提供形式。重要性要求在全面会计核算基础上，对与企业生产经营有重大影响的内容要详细反映，并在财务报告中单独列示，重点说明。其他事项可以适当合并和简化处理。例如在财务报告中，将原材料、库存商品等合并列示为存货。

G 谨慎性

谨慎性是指在会计核算中，对资产、负债、收益和费用做出合理确认、计量和报告，以避免风险和不确定性。有关资产、负债、收益和费用的经济业务有多种处理方法时，应当选择不导致夸大资产、虚增利润的方法。核算成本时，要合理预计可能发生的费用和损失。体现谨慎性要求的，如应收款项计提坏账准备金、固定资产计提减值准备等。

H 及时性

及时性是指对已经发生的交易或事项应当及时确认、计量和报告，不得提前或延后。由于会计分期的存在，以及经营决策的需要，会计信息不仅应当真实可靠，还应当保证时效性。会计信息及时收集、及时加工、及时传递，做到在规定时限将会计信息提供给使用者。失去时效的会计信息，其有用性会大大降低，甚至影响会计信息使用者的经营决策。

1.1.2.3 权责发生制与收付实现制

会计核算中，需要对各个会计期间的收入和费用进行准确的确定和计算，这就需要采用一定的标准来进行计量。权责发生制与收付实现制是确定收入和费用的两种会计处理基础。正确选择会计处理基础，能够将一定期间的收入与费用支出相匹配，从而计算取得的利润（结余），提供符合实际情况的会计信息。

A 权责发生制

权责发生制是指以权利、责任为标准确定收入、费用的制度。权责发生制的核心是按交易或事项是否影响某一会计期间经营成果和受益情况，确定收入、费用的归属期。凡是应当归属本期，符合确认标准的收入，不论款项是否收到，均作为本期收入处理。凡是应当本期负担，符合确认标准的费用，不论款项是否支付，均作为本期费用处理。

例如，企业某月发生 7000 元收益项目，到位款项 4000 元，采用权责发生制，收入应该登记 7000 元。又如某月发生包括本月在内的一个季度支出项目（租赁费等）9000 元，按照权责发生制本月费用应当是 3000 元。

在权责发生制下，需要考虑预收、预付和应收、应付的经济业务内容，按照所属时间进行核算和登记。会计期末，需要对账簿记录进行调整，对登记在本期的收入和费用分别进行确认。虽然权责发生制核算比较复杂，但反映当期的收入和费用比较合理、真实。在这种核算条件下，按照货币资金增、减变化不能确定企业平时的收入、费用情况。

权责发生制能够正确确定各个会计期间取得的收入，以及为实现收入应当负担的费用，使当期收入与相关的成本、费用相匹配，从而正确确定财务成果。

权责发生制适于工业企业、商品流通企业等经营单位。非经营单位采用收付实现制对收入、费用进行确认。

B 收付实现制

收付实现制是与权责发生制相对应的收入、费用确认制度。收付实现制以货币资金收付为标准确定收入、费用的归属期，货币资金的收、付日期即为收入、费用的归属期。凡是本期收到款项的收入，均作为本期收入；凡是本期支付款项的支出，均作为本期费用，不考虑收入、费用的归属期。收付实现制会计处理简便，强调财务状况的切实性，不需要进行期末有关收入、费用的账项调整。但收付实现制确定的收入、费用不具有相关性，不同时期缺乏可比性。因此，收付实现制适用于行政事业等非经营单位。

例如，企业某月发生7000元收益项目，到位款项4000元，按照收付实现制应该登记4000元。又如某月发生包括本月在内的季度支出项目（租赁费等）9000元，按照收付实现制本月费用应当是为9000元。

1.1.3 会计对象与会计要素

在研究会计科目之前，需要了解会计对象和会计要素。

1.1.3.1 会计对象

会计对象，是指会计所要核算和监督的内容。社会再生产过程中包括多种多样的经济活动，而会计核算和监督的，是能够以货币表现的经济活动，即资金运动。因此，会计对象就是社会再生产过程中的资金运动。这是会计的一般对象。

财产物资的货币表现，连同货币本身，称为资金。所有单位要进行日常活动，都需要拥有一定数量的资金，随着日常活动的发生，资金不断变化其形态。资金运动包括资金投入、资金运用、资金退出等过程。不同单位，由于在国民经济中所处的地位和作用不同，从事经济活动的内容和达到的目的不同，会计核算和监督的内容也不完全相同。会计对象在各单位表现为该单位以货币表现的经济活动，也就是各单位经济活动中的资金运动。这是会计的具体对象。

下面以资金运动过程和方式最全面最复杂的制造业企业为例，说明会计的具体对象，如图1-1所示。

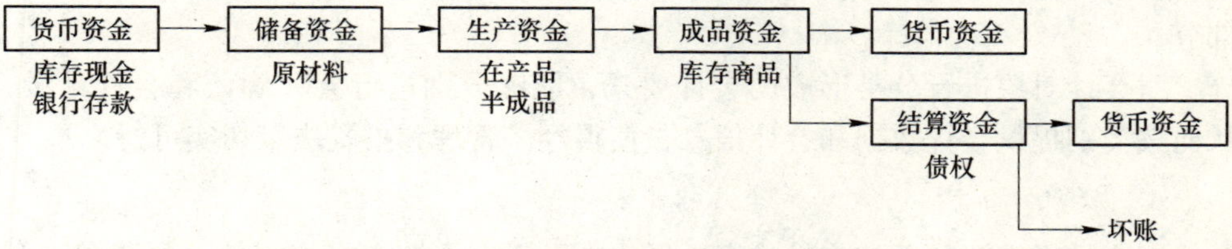

图1-1 制造业企业的资金运动

从图1-1可以看出，制造业企业的资金运动，以货币资金为起点，经过供应、生产、销售阶段。出售产品，资金回到货币资金形态。少部分处于结算资金状态，收回债权，变成货币资金。还有部分债权无法收回，成为坏账，退出资金循环周转。

供应阶段，企业以货币资金购买各种材料，为产品生产做准备，资金形态从货币资金转化成储备资金；生产阶段，消耗各种材料，资金形态从储备资金转化成生产资金；产品加工完成，验收入库，资金形态从各种在产品、半成品的生产资金转化成库存商品的成品资金形态；出售产品，一种情况是成品资金转化成货币资金，完成一次资金循环周转过程。另外一种情况，销售产品，购货单位未能及时付款，成品资金转化成结算资金。结算资金有两种结果，一种是债权到期对方归还货款，结算资金转化成货币资金，另一种结果债权无法收回，成为坏账，成为企业的一项费用。

在资金从一种形态到另一种形态的转变过程中，会计记录、计算的核算职能与约束、控制的监督职能充分体现出来。

本书内容以制造业企业会计核算为例进行介绍。

另外，商品流通企业经营活动分为供应阶段、销售阶段和库存阶段，资金运动包括资金的投入、资金的周转和资金的退出三个方面。供应阶段采购商品，支付价款运费，与供应单位办理结算。商品在验收入库等待销售期间，需要花费存储保管费用。销售商品，取得营业收入，补偿各类耗费后，剩余部分构成企业盈利。

行政事业单位不从事商品的生产与流通，是非营利单位，如各级政府部门、教育部门和各类科研院所等。行政事业单位的资金运动是预算资金的运动，资金主要靠国家财政预算拨付，没有或只有很少一部分业务收入。国家每年根据各单位的预算，拨付一定数量的资金，各单位按照预算安排支付各种费用。预算资金的运动包括预算资金的收入和预算资金的支出两个阶段。

1.1.3.2 会计要素

会计要素，是对会计对象所进行的分类，是会计对象的具体化。会计要素包括资产、负债、所有者权益、收入、费用和利润。资产、负债、所有者权益是反映企业财务状况的要素，是静态财务指标；收入、费用、利润是反映企业财务成果的要素，是动态财务指标。会计要素是会计核算的内容，是财务报告的组成部分。

对会计对象进行分类形成的会计要素，能够分别进行会计确认和会计计量，从而按类别提供会计数据和会计信息，使得经济管理和投资决策切实可行。

A 资产

资产是指企业过去的交易或事项形成的、由企业拥有或控制的、预期会给企业带来经济利益的资源。企业进行生产经营活动，不仅需要货币资金、原材料，还需要机器设备、厂房仓库等设施，这些都是资产。资产是企业从事生产经营活动的基础。有些资产具有实物形态，如原材料、机器设备等；有些资产不具有实物形态，如债权等。

资产是由过去的交易或事项形成的。资产是过去已经发生的交易或事项产生的结果。资产必须是现实的资产，并且能够客观、可靠地计量，而不是预期的资产。未来交易或事项可能产生的结果不能作为资产。交易或事项包括购买、生产、建造行为等。

资产是企业拥有或控制的。资产作为一项资源，应当由企业拥有或控制，是指企业享有资产的所有权，按照自己的意愿使用或处置资产。或者不享有所有权，但能被企业所控制，并且该项资产的收益和风险已经转移到本企业，例如融资租入的机器设备。

资产预期会给企业带来经济利益。企业拥有或控制的资产，通过生产经营活动，在未来时期内，能够为企业创造价值，获得经济利益。带来的经济利益可以是货币资金或其他实物资产，也可以是其他形式的经济利益的流入。如果一个项目不能给企业带来经济利益，就不能确定为资产。

资产是一种资源。资产作为生产要素，具有交换价值和使用价值，投入到生产经营过程中，利用这些资产，能够给企业带来未来经济利益，如企业的货币资金、材料物资、设备建筑物等。没有使用价值，不能给企业带来效益的，不能确认为资产。

因此，作为资产需要具备一定的条件，除了符合资产概念以外，还需要满足以下条件：一是与该资源有关的经济利益很可能流入企业，一是该资源的成本或者价值能够可靠地计量。

企业拥有的资产按照流动性分为流动资产和非流动资产两大类。

流动资产，是指可以在一年或超过一年的一个营业周期内变现或耗用的资产。企业的全部资产中，流动资产所占比例应当适当，以便进行日常支出和偿还到期的债务等。流动资产按变现能力的大小，主要包括货币资金、债权和存货（除固定资产以外的具有实物形态的资产）等。

非流动资产，即流动资产以外的资产，是指在一年或超过一年的一个营业周期以上变现或耗用的资产。非流动资产一般价值高，拥有时间长，变现能力差。非流动资产主要包括设备、建筑物、商标权、专利权等。

在会计核算中，属于资产类记账项目（会计科目）很多，以下介绍容易理解的项目：

库存现金：企业存放在财会部门用于日常零星支出的货币资金。

银行存款：企业存放在开户银行的货币资金。企业大量货币资金都需要存入银行。数额较大的货币资金收付业务，应当通过银行办理。这样不仅安全，而且便于金融部门对企业货币资金使用的监督、控制。

库存现金和银行存款两个记账项目属于货币资金。

应收账款：企业销售活动中应当收回的货款。

预付账款：企业采购活动中预先支付的货款。

其他应收款：除货款外企业应收回的零星款项。

应收账款、预付账款、其他应收款三个记账项目属于债权。

原材料：企业购入的用于加工生产产品的各种原料、辅助材料。

库存商品：企业完成生产过程，验收合格入库，供销售的各种产成品。

原材料、库存商品两个记账项目属于存货。

固定资产：指使用时间长、单位价值高，在使用中保持原有实物形态的资产，包括厂房、建筑物、机器、设备等。

无形资产：指企业拥有或控制的、没有实物形态、可辨认的非货币性资产，例如商标权、专利权、土地使用权等。

固定资产、无形资产两个记账项目属于非流动资产。

确定记账项目是会计记账的基础，是理解会计科目、账户和复式记账以及其他内容学习的铺垫，因此必须牢记上面所列的一些记账项目。对于一项具体资产内容，需要熟练找到相应的记账项目，才能顺利进行记账和会计核算。例如企业生产产品使用的钢材，记账时登记在“原材料”项目下；企业完工入库待售的产成品，记账时登记在“库存商品”项目下；出售产品尚未收回的货款，记账时登记在“应收账款”项目下；职工出差借款，记账时登记在“其他应收款”项目下；生产车间的设备以及企业行政管理部门（简称厂部）的办公楼，应登记在“固定资产”项目下。

B 负债

负债是指企业过去的交易或事项形成的，预期会导致经济利益流出企业的现时义务。现时义务是指企业在现行条件下已承担的义务。未来发生的交易或者事项形成的义务，不属于现时义务，不应当确定为负债。

企业进行产品生产以及日常各类经营活动，需要有大量资金作保障。资金的来源除了自有资金及企业所有者投入外，举债是另一个重要的、常见的资金来源渠道。企业尤其是新建立的企业，快速发展壮大起来，不能仅仅依赖单一的筹集资金渠道。出现负债是企业生产经营活动的正常情况。负债是企业正在占用和使用外部资金。负债多少合适，不同规模、不同行业的企业区别很大。在债务到期时，能够及时偿还，不影响企业资金周转即可。履行债务的偿还义务，是恪守商业信誉的具体体现，是建立诚信和谐社会的基础。

负债是由企业过去的交易或事项形成的。导致负债的交易或事项必须已经发生，例如购进货物未付款产生的负债，取得银行贷款承担的偿债义务等。只有已经发生的交易或事项，会计上才能确定为负债。企业在未来发生的承诺、签订的合同、筹划的未来交易或事项，不形成负债。

负债是企业承担的现时义务，这是负债的一个基本特征。现时义务指企业在现行条件下所承担的义务。今后发生的交易或事项形成的义务，因为不属于现时义务，所以不能确定为负债。

负债预期会导致经济利益流出企业。企业负担的债务，通常是在未来某一时日到期进行偿还，这是市场经济条件下商业信誉的具体体现。负债的偿还，是通过交付资产或提供劳务进行，也可以通过承诺新的负债结算现有债务。无论哪种形式的债务，最终的履行都会导致企业经济利益的流出。

作为负债，除了符合负债概念之外，还需要满足以下条件：一是与该义务有关的经济利益很可能流出企业，一是未来流出的经济利益的金额能够可靠地计量。

负债按照偿还期限，分为流动负债和长期负债（非流动负债）。

流动负债，是指将在一年或超过一年的一个营业周期内偿还的债务。企业的流动负债项目较多，应当注意归还期限，及时偿还。

长期负债，即流动负债以外的负债，是指将在一年或超过一年的一个营业周期以上偿还的债务，包括长期借款、应付债券、长期应付款等。

以下是常用的负债记账项目：

短期借款：指从银行等金融机构借入的期限一年以内（包括一年）的各种借款。

应付账款：企业在采购活动中应当支付的货款。

预收账款：企业在销售活动中预先收取的货款。

其他应付款：除货款外企业应支付的零星款项。

应付职工薪酬：企业应支付给员工的劳动报酬。

应交税费：企业应交纳的各种税费。

应付股利：企业应向投资者分配的红利。

同样道理，以上负债记账项目要牢记。企业从金融机构取得的半年期借款，应登记在“短期借款”项目下；企业购买设备、材料的欠款，应登记在“应付账款”项目下；收到购货单位的预交款，应登记在“预收账款”项目下；结算（归纳计算出）应交纳的某项税金，应登记在“应交税费”项目下；月末结算出应付本月职工工资，应登记在“应付职工薪酬”项目下等。

C 所有者权益

所有者权益是指企业投资人对企业净资产的所有权。净资产是企业全部资产扣除负债后的余额。股份公司的所有者权益又称股东权益。

所有者权益是企业所有者对企业资产的剩余索取权，是全部资产扣除债权人权益后应由所有者享有的部分。所有者权益既可反映企业所有者投入资本的保值增值情况，又体现了保护债权人权益的理念。

在企业投资人撤减投资、破产清算或分派现金股利之外，企业不需要偿还所有者权益。

企业破产清算，在偿还负债后，才能清偿投资人的权益。

企业投资人凭借所有者权益所占份额参与企业经营决策及利润的分配。

所有者权益的确认依赖于资产和负债的确认与计量，当资产和负债能够准确地确认和计量，将资产数额与负债数额求差，就会求得所有者权益的数额，即企业的净资产。所有者权益的来源包括所有者投入的资本、直接计入所有者权益的利得和损失、留存收益等。利得和损失是指不计入当期损益的、能够导致所有者权益增减变化的、与所有者投入资本或向所有者分配红利无关的经济利益的流入与流出，例如企业资产评估的增值或贬值。留存收益指企业各年实现的净利润（利润总额减所得税费用）的剩余部分，包括盈余公积和未分配利润。

尽管所有者权益与负债都体现资产的来源，但两者有着本质的区别：负债是债权人对企业资产的要求权，所有者权益是投资人对企业净资产的要求权；债权人无权参与企业的经营管理和利润的分配，只享有按期收回债务本金及利息的权利；在企业破产清算时，负债具有优先求偿权，而所有者权益只能在清偿所有债务后才能获得补偿。

以下是所有者权益记账项目：

实收资本（股份公司为股本）：指企业投资人按照企业章程或合同协议的约定，实际投入企业的资本金。实收资本可作为企业长期周转使用的主要经营资金。

资本公积：由于企业资本金的存在而形成的专门款项（公积金），例如资本（股本）溢价、法定财产重估增值、外币资本折算差额等。资本公积按照规定可以转增资本金。

盈余公积：是企业从税后利润中提取的公积金。盈余公积的主要用途是弥补亏损。盈余公积按照规定也可以转增资本金。

会计核算时，收到投资者各种形态的投资（如货币资金、材料、设备等，除了登记在相应资产中的银行存款、原材料、固定资产），应登记在“实收资本”项目下；按规定按税后利润提取的公积金数额，应登记在“盈余公积”项目下等。

资产、负债、所有者权益之间的关系如下：

任何资产都有归属，没有无归属的资产。因此，有多少资产，就有多少对资产的拥有权。用等式表示为：

$$资产 = 权益$$

权益反映资产的来源。有些资产是企业通过负债取得的，属于债权人权益。而大部分资产，也就是资产扣除负债后的余额（净资产），归企业所有者拥有，是所有者权益。用等式表示为：

$$资产 = 债权人权益 + 所有者权益$$

债权人权益为了与资产中的债权相区别，称为负债。等式变成：

资产 = 负债 + 所有者权益

因此，资产与负债、所有者权益具有平衡关系。这一等式被称为会计基本等式或会计恒等式。会计基本等式是设置账户、复式记账以及编制财务报告的理论依据。

D 收入

收入是指企业在日常活动中形成的、会导致所有者权益增加的、与所有者投资无关的经济利益的总流入。

收入是企业日常活动中形成的，而不是从偶发的交易或事项中产生。日常活动指企业为完成经营目标所从事的经常性活动及相关活动，例如产品销售、提供劳务、技术服务等。非日常活动所形成的经济利益的流入不能确定为收入。

取得收入可能表现为企业资产的增加，也可能表现为企业负债的减少，或者同时兼有。

收入最终会导致所有者权益增加。收入作为经济利益的流入，应当导致所有者权益的增加，否则不能确定为收入。

收入是与所有者投资无关的经济利益的流入。所有者投资不能确定为收入。

收入按照与企业经营活动的关系，分为主营收入和其他收入。

主营收入，指企业主要生产经营活动相关的收入。

其他收入，指次要经营活动的收入。广义的收入还包括利得收入，即营业外收入。

以下是收入的记账项目：

主营业务收入：是企业从事主营业务活动取得的收入，例如工业企业的产品销售、流通企业的商品销售。

其他业务收入：是企业从事非主营业务活动取得的收入，例如销售多余材料、固定资产出租等。

营业外收入：是企业取得的与生产经营活动无关的收入，例如处置固定资产净收益、接受捐赠、无法支付的应付款项、罚款收入等。

会计核算时，出售产品取得收入（除登记在资产的银行存款或现金或应收账款外），应登记在主营业务收入项目下；取得出租设备租金收入，应登记在“其他业务收入”项目下等。

E 费用

费用是指企业在日常活动中发生的、会导致所有者权益减少的、与向所有者分配利润无关的经济利益的总流出。

费用是企业在日常活动中形成的。费用必须是企业为维持日常活动而发生的支出，非日常活动形成的经济利益的流出，不能确认为费用，应当计入损失。

费用会导致所有者权益的减少。与费用相关的经济利益流出企业，会导致所有者权益的减少。

费用是与所有者分配利润无关的经济利益的总流出。费用的发生导致经济利益的流出，从而导致资产的减少或者负债的增加。而向所有者分配利润虽然也导致经济利益的流出，但属于所有者权益的抵减项目，不能确定为费用。

按照费用与产品成本的关系，分为制造成本和期间费用。

制造成本，是指企业产品生产过程中发生的计入产品成本的各种支出。

期间费用，是指企业经营过程中发生的不计入产品成本，直接作为收入抵减项目的各种支出，例如管理费用、财务费用、销售费用等。广义的费用还包括损失，即营业外支出。

以下是费用的记账项目：

制造费用：生产部门（车间）为组织管理生产活动发生的各项支出。

管理费用：行政管理部门（厂部）为组织管理整个企业生产经营活动发生的各项支出。

财务费用：筹集资金发生的各项支出，例如利息支出，银行手续费等。银行存款利息收入冲减财务费用。

销售费用：销售产品过程中发生的各项支出，如广告费、展销费、销售产品的运杂费、企业专设销售机构的支出等。

营业外支出：企业发生的与生产经营活动无关的各项支出，如固定资产盘亏、处置固定资产净损失、捐赠支出、罚款支出、非常损失等。

会计核算时，支付车间水电费（除了登记资产银行存款），应登记在“制造费用”项目下；支付厂部办公费，登记在“管理费用”项目下；支付银行结算手续费，应登记在“财务费用”项目下；支付环保部门罚款，应登记在“营业外支出”项目下等。

F 利润

利润是企业在一定会计期间的经营成果。利润是评价企业管理层业绩的重要指标，也是投资者、债权人等财务报告使用者进行决策的参考依据。

利润分为营业利润、利润总额和净利润三个层次。营业利润是企业生产经营过程中的经营成果。利润总额是企业一定会计期间内取得的经营成果的总和。净利润是利润总额减去所得税后的余额，又称税后利润。

全部会计要素之间的关系如下：

企业进行生产经营活动需要取得利润，利润是通过收入与费用求差计算的。差是正数为盈利数额，差是负数为亏损数额。利润归企业所有者拥有，发生亏损，也是由企业所有者承担。因此，出现盈利和发生亏损，直接影响所有者权益的变化。会计等式中，利润与所有者权益列在同一方向，并且利润同样是企业资产的一个来源渠道。因此，会计等式变成：

资产 = 负债 + 所有者权益 + 利润

利润，是收入减负债后的余额。会计等式可写成：

资产 = 负债 + 所有者权益 + 收入 - 费用

为方便会计等式的应用，将费用移项，等式为：

资产 + 费用 = 负债 + 所有者权益 + 收入

由此可见五个会计要素之间的关系。这是另一个重要平衡关系。资产消耗，就成为费用，资产和费用具有相同的性质，在等式同一方向。负债、所有者权益和收入，都反映资产的来源，在等式同一方向。

1.2 会计科目的提出

会计主体（企业）日常发生的以货币表现的经济业务，需要进行登记，登记需要有名称，反映哪些地方发生变化。这里所说的名称，就是前述的会计要素里面的记账项目，实际上就是会计科目。会计科目是会计学系统体系中的重要内容，是会计核算的基础。熟悉会计科目，并且掌握这些会计科目所属会计要素的类别，是资产会计科目还是负债会计科目，是所有者权益会计科目还是收入会计科目，才能正确记账。不同性质的会计科目，在记账时使用不同的记账符号，表示该会计要素的增加或减少。

1.2.1 什么是会计科目

会计科目是对会计要素具体内容进行分类核算的项目名称。

会计对象是资金运动，为了记录发生的经济业务，将资金运动进一步分类形成资产、负债、所有者权益、收入、费用和利润。企业发生的经济业务引起会计要素增减变化，各会计要素都包含着不同内容的项目。例如，资产中包括银行存款、应收账款、原材料等流动资产，机器设备、厂房建筑物等固定资产；负债中包括短期借款、应付账款、应交税费等流动负债，长期借款、应付债券等长期负债。所有者权益、收入、费用、利润等会计要素，同样包含若干不同的具体内容。

为了记录和反映会计要素具体内容的增减变动情况及其结果，提供对经济管理有用的会计信息，必须结合经济管理的要求，对会计要素的具体内容进行科学分类。这种分类是通过设置会计科目进行的。会计科目的设置，将纷繁复杂、性质不同的经济信息，转换成具有规律的、容易识别的经济信息，为最后转变成会计信息准备条件。因此，资产中所包括的银行存款、应收账款、固定资产等记账项目，负债中所包括的短期借款、应付账款、应交税费等记账项目，就是我们所说的会计科目。

设置会计科目是会计核算工作一项重要内容，是填制会计凭证、设置账簿的依据，是编制财务报告的基础。会计科目的全面与统一，便于国家宏观经济管理，也是企业管理层、投资者、债权人掌握、分析企业财务状况和经营成果的主要信息内容。

会计科目是根据会计准则和国家会计法规，由财政部门统一设置的。企业根据业务范围和经营规模，合理选择使用会计科目。

会计科目应根据经济发展的需要，结合会计准则和国家统一的会计制度，进行科学合理地设置与使用。会计主体在满足会计核算的前提下，在不影响会计指标汇总和对外报送财务报告的前提下，可以根据自身经济活动特点，选择会计核算所使用的会计科目。为了使会计科目既要提供系统会计信息，又要提高会计工作效率，在设置会计科目时需要遵循一些原则。

1.2.2 设置会计科目的原则

设置会计科目一般遵循以下原则：

（1）要结合会计对象特点。不同行业及不同的会计主体，其经营活动各有不同，会计要素所包含的内容各有特点。在会计科目的设置时，除一些共性会计科目外，应根据本行业自身经济活动特点，设置相应的会计科目，全面核算经济业务的全过程及其结果。制造业以产品生产为主要经济活动，需要设置反映生产过程的会计科目。商品流通企业主要从事商品的采购与销售，设置的会计科目需要体现商品的购进、库存、销售等经营环节特征的会计科目。同样道理，行政事业单位需要设置反映经费收支的会计科目。

（2）要符合经济管理的要求。会计工作是经济管理的重要组成部分。会计科目的设置要从经济管理的需要出发，满足国家宏观经济管理的需要，根据宏观经济管理要求划分经济业务的类别，设定分类项目，概括反映会计主体资金运动情况。同时又要适合会计主体经营活动特点，满足企业内部经营管理的需要，为企业的经营预测、决策设置分类项目。同时还要满足包括企业投资人、债权人及社会有关方面对企业生产经营信息的需求。

（3）要统一性与灵活性相结合。主要会计科目的设置要统一规定，核算指标的口径要统一，以保证会计核算指标在一个行业、一个地区以及全国范围内的综合与汇总。同时各单位可根据具体情况，在能够提供统一核算指标前提下，对个别会计科目可以增设、减少或合并。会计科目的设置与使用，既要防止会计科目过于简单化，影响企业经济管理对会计信息的需求，又要防止过于繁琐，增加会计核算的工作量。

（4）要字义相符，通俗易懂。会计科目要有特定的核算内容，各个会计科目既要有一定联系，又要有明确的界限。因此，设置会计科目，内容上要清晰准确，层次上要规范实用，繁简适宜。会计科目名称要简明扼要，内容确切，含义清楚。避免词不达意，相互混淆；避免使用生僻文字，做到通俗易懂，容易理解。会计科目的名称要与其核算内容相一致，一个会计科目只能反映一个特定内容，不重复、不遗漏，保证核算指标的一致性。

（5）要保持相对稳定性。会计科目的设置，要适应社会经济发展和本单位业务的变化需要，适当增加必要的会计科目和删减过时的会计科目。例如，随着社会经济的发展，知识产权在企业经营中所起的作用越来越大，国家适时设置“无形资产”会计科目，核算商标权、专利权等无形资产价值。同时，为了便于不同时期会计核算指标的可比性，以及会计核算的顺利进行和工作效率的提高，要保持会计科目的相对稳定。会计科目一旦设置使用后，包括名称、核算范围、内容、数量等不能轻易变动和调整。

1.2.3 会计科目的种类

为了在会计核算中正确使用会计科目，需要对会计科目进行分类。可以按照经济内容和提供信息的详细程度对会计科目进行分类。

会计科目是会计要素的具体分类项目，按照经济内容分类，就是按照会计要素进行的分类。因此，会计科目按经济内容分类，有资产类、负债类、所有者权益类、收入类、费用类和利润类共六大类。收入、费用类会计科目是用于反映企业损益情况的，所以可以合并为损益类。企业实现的利润或发生的亏损，最后需要由企业所有者承担，所以利润类会计科目可以合并到所有者权益。在工业企业，生产产品是企业的中心工作，核算产品成本也是会计核算的一项重要工作，所以单独设置成本类会计科目。

按照提供信息的详细程度，将会计科目分为总分类科目和明细分类科目。

总分类科目，简称总科目，是指对会计核算内容进行总括核算和监督，提供概括信息的会计科目，例如银行存款、固定资产、短期借款、管理费用等。为便于宏观经济管理，总科目由财政部门统一制定。《会计科目表》所列会计科目均为总科目。

明细分类科目，简称明细科目，是指对总科目所反映信息作进一步分类，提供详细、具体信息的会计科目。除个别总科目外，绝大多数总科目都需要设置明细科目。例如应收账款总科目，按照债务单位名称设置明细科目，详细反映企业应收回的债权情况。

如果总科目下属明细科目较多，根据需要，可以在总科目和明细科目之间设置二级科目。二级科目提供信息比总科目详细，比明细科目概括。例如原材料总科目，设置原料及主要材料二级科目，下设生铁、废钢、焦炭等明细科目。

明细科目根据企业需要自行设置。

全部会计科目表见表 1－1。工业企业（制造业）常用会计科目见表 1－2。

表1－1 全部会计科目表

顺序号	编号	名 称	顺序号	编号	名 称
（一）资产类			（二）负债类		
1	1001	库存现金	70	2001	短期借款
2	1002	银行存款	77	2101	交易性金融负债
5	1012	其他货币资金	79	2201	应付票据
8	1101	交易性金融资产	80	2202	应付账款
10	1121	应收票据	81	2203	预收账款
11	1122	应收账款	82	2211	应付职工薪酬
12	1123	预付账款	83	2221	应交税费
13	1131	应收股利	84	2231	应付利息
14	1132	应收利息	85	2232	应付股利
18	1221	其他应收款	86	2241	其他应付款
19	1231	坏账准备	93	2401	递延收益
26	1401	材料采购	94	2501	长期借款
27	1402	在途物资	95	2502	应付债券
28	1403	原材料	100	2701	长期应付款
29	1404	材料成本差异	101	2702	未确认融资费用
30	1405	库存商品	102	2711	专项应付款
31	1406	发出商品	103	2801	预计负债
32	1407	商品进销差价	104	2901	递延所得税负债
33	1408	委托加工物资	（四）所有者权益类		
34	1411	周转材料	110	4001	实收资本
40	1471	存货跌价准备	111	4002	资本公积
41	1501	持有至到期投资	112	4101	盈余公积
42	1502	持有至到期投资减值准备	114	4103	本年利润
43	1503	可供出售金融资产	115	4104	利润分配
44	1511	长期股权投资	（五）成本类		
45	1512	长期股权投资减值准备	117	5001	生产成本
46	1521	投资性房地产	118	5101	制造费用
47	1531	长期应收款	119	5201	劳务成本
48	1532	未实现融资收益	120	5301	研发成本
50	1601	固定资产	（六）损益类		
51	1602	累计折旧	124	6001	主营业务收入
52	1603	固定资产减值准备	129	6051	其他业务收入
53	1604	在建工程	131	6101	公允价值变动损益
54	1605	工程物资	132	6111	投资损益
55	1606	固定资产清理	136	6301	营业外收入
62	1701	无形资产	137	6401	主营业务成本
63	1702	累计摊销	138	6402	其他业务成本
64	1703	无形资产减值准备	139	6403	营业税金及附加
65	1711	商誉	149	6601	销售费用
66	1801	长期待摊费用	150	6602	管理费用
67	1811	递延所得税资产	151	6603	财务费用
69	1901	待处理财产损溢	153	6701	资产减值损失
			154	6711	营业外支出
			155	6801	所得税费用
			156	6901	以前年度损益调整

表1-2　工业企业（制造业）常用会计科目

序号	会计科目名称	序号	会计科目名称
	（一）资产类		（三）所有者权益类
1	库存现金	1	实收资本
2	银行存款	2	资本公积
3	应收账款	3	盈余公积
4	预付账款	4	本年利润
5	其他应收款	5	利润分配
6	在途物资		（四）成本类
7	原材料	1	生产成本
8	库存商品	2	制造费用
9	固定资产		（五）损益类
10	累计折旧	1	主营业务收入
11	待处理财产损溢	2	其他业务收入
	（二）负债类	3	营业外收入
1	短期借款	4	主营业务成本
2	应付账款	5	其他业务成本
3	预收账款	6	营业税金及附加
4	其他应付款	7	销售费用
5	应付职工薪酬	8	管理费用
6	应交税费	9	财务费用
7	应付利息	10	营业外支出
8	应付股利	11	所得税费用

2

会计核算手段——账户

2.1 账户的设置

会计科目内容明确后，需要研究另一个问题——账户。账户和会计科目密不可分，一般来说，有多少会计科目，就有多少账户。账户实际上就是账簿，只是会计理论中使用账户这个概念，账户是账簿的简化形式。账户比会计科目前进了一步，是在会计科目基础上，反映会计要素增减变动的手段。对于发生的经济业务，不仅仅要找出涉及的会计科目，还要判断由于经济业务的发生给会计要素带来的变化，研究会计要素具体内容即会计科目的变化，实际上就是研究所涉及的账户的变化。

2.1.1 什么是账户

账户，是按照会计科目开设的，用来分类、连续记录经济业务内容，反映会计要素增减变化情况及其结果的手段。会计科目仅仅是对会计要素具体内容进行分类的项目，而反映会计要素增减变化的数据，需要通过设置账户来完成。

账户是核算和监督会计对象的重要工具，设置和使用账户，是会计核算方法体系中的重要环节，也是复式记账的前提条件。

会计科目与账户关系密切。

会计科目与账户的联系表现在：

会计科目和账户都是对会计要素进行的分类，都能说明一定经济业务内容，即两者反映的经济内容相同。会计科目所反映的内容，就是账户所登记的内容。

账户按照会计科目开设，账户以会计科目为名称，账户的名称就是会计科目。

会计科目与账户的分类和核算方法相同。某个会计科目所属类别，与相应账户所属类别是一致的，核算方法也相同。

会计科目与账户的区别表现在：

会计科目只是对会计要素具体内容进行分类的项目名称，不能提供任何数据；而账户能够反映经济业务的增减变化情况及其结果，并具有一定结构。

会计科目主要是反映会计要素的具体构成内容，用于开设账户；而账户通过具体会计核算资料，反映企业经营管理状态，为编制财务报告提供依据。

设置账户是会计核算方法的组成部分，其中包括设置会计科目的内容。

在实际工作中，由于会计科目和账户存在一一对应关系，因此，会计科目与账户两个概念通用。

为了能够反映经济业务的增减变化及其结果，账户需要有一定结构。账户的基本结构一般包括以下内容：

（1）账户的名称（即会计科目）；

（2）日期和摘要，即经济业务发生的时间和内容；

（3）凭证号数，即账户记录的来源和依据；

（4）增加、减少金额及余额。

账户记录经济业务的增减变化，有四个方面内容：期初余额、本期增加额、本期减少额、期末余额。本期的期末余额，就是下期的期初余额。四个项目之间所具有的关系可以用公式表示为：

期末余额 = 期初余额 + 增加发生额 - 减少发生额

设置账户的目的就是用来登记经济业务的增加额、减少额及其余额，取得反映经济活动情况的数据信息。为了便于理论研究，账户有一种简化形式——丁字账。丁字账将账户结构分成左右两个方向。如果左方登记增加，右方就登记减少。究竟哪一方记录增加，哪一方记录减少，取决于各账户所记录的经济业务内容和采用的记账方法。账户的余额一般与账户记录增加额在同一方向。丁字账如图所示。

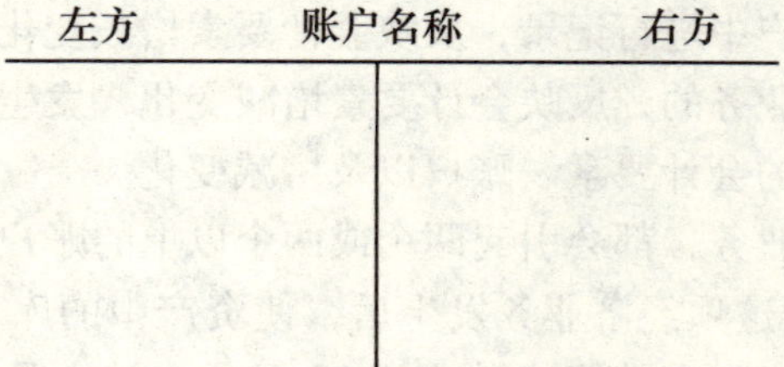

2.1.2 账户的种类

企业设置的全部账户，构成一个严密、完整的账户体系。为了研究各个账户的个性与共性，确定账户之间的区别和联系，掌握各个账户能够提供什么性质的核算指标，更好地设置和运用账户。需要对账户进行科学的分类。这里只介绍账户最基本的分类方法。

按照记录经济业务内容和提供会计信息详细程度不同，账户分为总分类账户和明细分类账户。

总分类账户，简称总账户，是指根据总科目设置的，提供概括信息的账户。总账户提供价值量指标。例如根据固定资产总科目，开设固定资产账户，提供企业固定资产的增加、减少以及期初、期末余额信息。

明细分类账户，简称明细账户，是指根据总科目所属的明细科目设置，提供详细、具体信息的账户。明细账户提供价值量指标和实物量指标。例如原材料明细账户，不仅提供各种材料的价值信息，同时能够反映各类材料的数量、重量等实物量数据。

明细账户提供的具体经济指标，是为了满足企业内部生产经营的需要，明细分类账户由企业根据经营管理的需要和经济业务的具体内容自行设置，会计制度没有统一规定。

根据需要，在总账户和明细账户之间设置二级账户。二级账户比总账户提供的信息具体，比明细账户提供的信息概括。

2.2 账户的应用

掌握账户的含义、结构、内容后，就需要使用账户。熟悉会计科目，只是会计核算工作的起步。会计人员的大量工作，是将发生的经济业务，区别出涉及的会计要素和账户，然后在账户中登记增加或减少，这是会计核算的基础工作。只有熟练掌握这些，才能为复式记账铺平道路。

2.2.1 经济业务及基本类型

经济业务，是指引起会计要素变动的经营活动。会计工作就是把企业发生经济业务，在涉及的账户中进行记录，反映会计要素增减变化及其结果。

账户是登记经济业务的，反映会计要素增减变化，发生经济业务以后，需要确定该经济业务涉及的会计要素、账户以及增减变化。

发生的任何经济业务，都会引起两个或两个以上的账户发生变化。例如从银行提取现金 1000 元。这项经济业务发生后，使资产中的库存现金账户增加 1000 元，另一项资产项目银行存款账户减少 1000 元。会计人员根据有关票据，确认出所涉及账户及其增减变化，据以登记入账。又如，企业购入价值 8000 元设备一台，以银行存款支付 5000 元货款，其余货款暂欠对方。这项经济业务发生后，使企业资产中的固定资产账户增加 8000 元，另一项资产账户银行存款减少 5000 元，以及负债中账户应付账款增加 3000 元。以银行存款交纳税金 1700 元，资产银行存款账户减少 1700 元，负债应交税费账户减少 1700 元。以现金支付车间办公费 400 元，资产库存现金账户减少 400 元，费用制造费用账户增加 400 元。收到投资设备价值 70000 元，资产固定资产账户增加 70000 元，所有者权益实收资本账户增加 70000 元。出售产品 20000 元，收到 5000 元存入银行，余款对方暂欠，资产银行存款账户增加5000元，资产应收账款账户增加15000元，收入主营业务收入账户增加20000元。

学习到这里，则需要找出发生经济业务所涉及的会计要素、账户，并确定增减变化，为下一步学习打下基础。

企业在生产经营过程中发生大量经济业务，都会引起会计要素增减变化。但无论怎样变化，不会破坏会计等式的平衡关系。这种平衡关系是设置账户、复式记账、进行试算平衡和编制资产负债表的理论依据。

企业在生产经营过程中发生各种类型的经济业务。经济业务的发生对相应的会计要素产生影响，即引起会计要素的增减变化。无论发生任何经济业务，都不会破坏会计等式的平衡关系。经济业务多种多样，可以归纳成以下9种形式：

（1）一项资产增加，另一项资产减少；

（2）一项负债增加，另一项负债减少；

（3）一项所有者权益增加，另一项所有者权益减少；

（4）一项资产增加，一项负债增加；

（5）一项资产增加，一项所有者权益增加；

（6）一项资产减少，一项负债减少；

（7）一项资产减少，一项所有者权益减少；

（8）一项负债增加，一项所有者权益减少；

（9）一项负债减少，一项所有者权益增加。

根据以上经济业务形式，可以归纳成4种基本类型：

（1）资产与负债或所有者权益同时增加；

（2）资产与负债或所有者权益同时减少；

（3）资产内部此增彼减；

（4）负债或所有者权益此增彼减。

2.2.2 会计等式的恒等性

通过四种类型的经济业务，可以验证会计等式的恒等性。

为方便起见，以会计基本等式（资产 = 负债 + 所有者权益）为例通过发生的经济业务验证其恒等性。

假如月初企业资产、负债、所有者权益账户数额见表2-1。

表2-1 月初企业资产、负债、所有者权益账户数额表

资　产	金额/元	负债及所有者权益	金额/元
库存现金	3000	短期借款	11000
银行存款	50000	应付账款	7000

续表 2－1

资 产	金额/元	负债及所有者权益	金额/元
应收账款	8000	其他应付款	4000
原材料	15000	实收资本	988000
固定资产	1000000	资本公积	66000
资产合计	1076000	负债所有者权益合计	1076000

根据表中提供的资料，企业月初的资产与负债、所有者权益是平衡的，总额为1076000元。企业本月发生下列四种基本类型经济业务：

（1）发生经济业务后，引起资产与负债、所有者权益同时增加。例如，企业收到投资材料13000元。资产中原材料增加13000元，所有者权益中实收资本增加13000元。

（2）发生经济业务后，引起资产与负债、所有者权益同时减少。例如，以银行存款2000元偿还前欠货款。资产中银行存款减少2000元，负债中应付账款减少2000元。

（3）发生经济业务后，资产内部此增彼减。例如，收到某单位归还的前欠购货款5000元存入银行。资产中的银行存款增加5000元，资产中的应收账款减少5000元。

（4）经济业务发生后，引起负债、所有者权益此增彼减。例如，以资本公积金30000元转增资本金。所有者权益中的实收资本增加30000元，另一所有者权益资本公积减少30000元。

经过企业本月的生产经营活动，有以下项目发生变化：

银行存款，月初为50000元，本月增加5000元，减少2000元，月末银行存款数额为53000元。

应收账款，月初为8000元，本月减少5000元，月末应收账款数额为3000元。

原材料，月初为15000元，本月增加13000元，月末原材料数额为28000元。

应付账款，月初为7000元，本月减少2000元，月末应付账款数额为5000元。

实收资本，月初为988000元，本月增加两笔，13000元和30000元，月末实收资本数额为1031000元。

资本公积，月初为66000元，本月减少30000元，月末余额为36000元。

其他项目没有变化。月末企业资产、负债、所有者权益数额见表2－2。

表 2-2 月末企业资产、负债、所有者权益账户数额表

资 产	金额/元	负债及所有者权益	金额/元
库存现金	3000	短期借款	11000
银行存款	53000	应付账款	5000
应收账款	3000	其他应付款	4000
原材料	28000	实收资本	1031000
固定资产	1000000	资本公积	36000
资产合计	1087000	负债所有者权益合计	1087000

可以看出，经过本月生产经营活动，企业的总资产与负债、所有者权益数额，从 1076000 元，变成 1087000 元，仍然具有平衡关系。所以，无论发生任何经济业务，会计等式总成立，会计等式具有恒等性。

3

会计核算方法——复式记账

3.1 复式记账原理

设置会计科目和账户后，就需要采用一定的方法，将会计要素的增减变动登记在账户中。记账方法有单式记账和复式记账两种方法。单式记账法是一种比较简单、不完整的记账方法。在单式记账法下，发生经济业务后，只是对货币资金的收付业务，以及债权、债务方面发生的经济业务进行登记，而实物资产的变动不进行登记。并且只有债权、债务的收回与支付，进行两个以上账户的登记，其他业务只在一个账户中登记。因此，单式记账没有完整的账户体系，账户之间不能形成相互对应关系，不能反映经济业务的来龙去脉，不能通过平衡关系检查账户记录的正确性。广泛使用的记账方法是复式记账法。

3.1.1 什么是复式记账

复式记账，是指对发生的每一项经济业务，都以相等的金额，在相互联系的两个或两个以上账户中进行登记的记账方法。例如以银行存款购买材料，不仅在银行存款账户中登记减少，而且要在原材料账户中登记增加，同时金额具有相等的关系。这样，银行存款账户与原材料账户之间形成一种对应关系，能够全面反映会计要素的变动情况。

复式记账法是一种科学的记账方法。采用复式记账法，需要设置全面、完整的账户体系。

3.1.2 复式记账的特点

复式记账有以下特点：

对于每项经济业务，都在相互联系的两个或两个以上账户中进行登记。这样可以了解每项经济业务的来龙去脉，全面、系统反映经济活动的全过程和结果。

对于每项经济业务，都以相等的金额进行分类登记。这种登记方法，使账户体系具有平衡关系，通过平衡关系检查会计记录是否正确。

复式记账法特点鲜明，是一种成熟、完善的记账方法，在市场经济不断发展过程中，经过会计实践逐步形成发展的，在世界各国广泛使用。复式记账法，按使用记账符号不同，分为增减记账法、收付记账法和借贷记账法。前两种记账方法是我国传统的记账方法。增减记账法曾经在商业流通企业使用，收付记账法在行政事业单位使用，借贷记账法在工业企业使用。记账方法不同，影响了我国会计核算的统一，不利于会计工作的标准化，影响会计信息的国际交流和会计工作的国际接轨，制约了我国经济的对外开放。1993 年 7 月 1 日会计准则实施后，我国逐步以国际通用的借贷记账法作为基本记账方法。现在我国所有行业都统一使用借贷记账法进行会计核算。

3.2 复式记账的典范——借贷记账法

3.2.1 什么是借贷记账法

借贷记账法是以“借”“贷”作为记账符号的一种复式记账方法。这里的借、贷两个字已经失去字面含义，只是两个记账符号，用来表示会计要素具体内容增加或减少的符号。使用借贷记账法进行记账时，账户所属会计要素的类别不同，借、贷两个符号代表的含义不同。记账符号的含义，见表 3－1。

表 3－1 借贷记账法记账符号的含义

记账符号	资产	费用	负债	所有者权益	收入
借	增加	增加	减少	减少	减少
贷	减少	减少	增加	增加	增加

通过表中内容可以看出，资产类和费用类账户借贷符号代表的含义相同，以“借”字代表资产、费用的增加，以“贷”字代表资产、费用的减少。对于负债类、所有者权益类和收入类账户，以“贷”字代表增加，“借”字代表减少。利润类会计要素属于特殊一类，将在今后学习中介绍。

采用借贷记账法时，账户的借贷两个方向做含义相反的记录，即对于某一个账户来说，如果借方登记增加数额，则贷方就用来登记减少数额；如果贷方登记增加数额，则借方登记减少数额。一个账户，哪一方用来登记增加，哪一方用来登记减少，取决于账户的性质，即账户所属的会计要素。不同性质的账户，符号代表的含义不同。

一项经济业务，以借贷作为记账符号进行记录，有规范的表示方法。

【例 1】从银行提取现金 1000 元。

这项经济业务涉及的账户都是资产类。库存现金增加以“借”表示，银行存款减少以“贷”表示。写成：

借：库存现金 1000

贷：银行存款 1000

【例2】以现金支付厂部办公费300元。

这项经济业务涉及的账户，费用类管理费用增加以“借”表示，资产类库存现金减少以“贷”表示。写成：

借：管理费用 300

贷：库存现金 300

【例3】收到投资设备价值10000元。

这项经济业务涉及资产类账户固定资产增加，以“借”表示，所有者权益类账户实收资本增加，以“贷”表示。写成：

借：固定资产 10000

贷：实收资本 10000

【例4】以银行存款交纳税金7000元。

这项经济业务涉及负债类账户应交税费减少，以“借”表示；资产类账户银行存款减少，以“贷”表示。写成：

借：应交税费 7000

贷：银行存款 7000

【例5】购入材料6000元，以银行存款支付4000元，余款暂欠对方。

这项经济业务涉及资产类账户原材料增加，以“借”表示，另一资产账户银行存款减少，以“贷”表示；负债类账户应付账款增加，以“贷”表示。写成：

借：原材料 6000

贷：银行存款 4000

应付账款 2000

【例6】出售产品8000元，收到5000元存入银行，余款对方暂欠。

这项经济业务涉及资产类账户银行存款增加5000元，以“借”表示，另一资产账户应收账款增加，以“借”表示，收入类账户主营业务收入增加，以“贷”表示。写成：

借：银行存款 5000

应收账款 3000

贷：主营业务收入 8000

【例7】购入设备9000元，以银行存款支付3500元，余款暂欠。

这项经济业务涉及资产类账户固定资产增加9000元，以“借”表示，另一资产账户银行存款减少，以“贷”表示，负债中应付账款增加，以“贷”表示。写成：

借：固定资产　　9000

　　贷：银行存款　　3500

　　　　应付账款　　5500

从以上举例可以看出，通过借贷记账法，可将经济业务内容写成具有会计特点的记录。这种对发生的经济业务确定涉及应借应贷的账户、记账方向及其金额的记录，称为会计分录。

3.2.2 会计分录及记账规则

会计分录可分为简单会计分录和复合会计分录两类。发生的经济业务，只涉及一个账户的借方和另一个账户的贷方，这类会计分录称为简单会计分录，例1～例4为简单会计分录；发生的经济业务，涉及一个账户的借方和多个账户的贷方，或一个账户的贷方和多个账户的借方，这类会计分录称为复合会计分录，例5～例7为复合会计分录。为了保证借贷两个方向账户之间对应关系，一般不编制多借多贷会计分录。一项经济业务涉及多个账户的借方和多个账户的贷方，可分解成几个简单会计分录或复合会计分录。

会计分录是登记账户的依据。会计分录准确无误，才能保证账户记录的正确，以及会计核算各个环节的正确。

使用借贷记账法对经济业务进行记录，记账规则是：有借必有贷，借贷必相等。在借贷记账法下，经济业务不论简单还是复杂，都涉及借方和贷方两个方向，并且具有平衡关系。通过这种平衡关系，可以检验会计记录是否正确。

运用借贷记账法，对发生的经济业务进行记录时，在有关账户之间形成应借应贷的相互关系，这种关系称为账户的对应关系。发生对应关系的账户，称为对应账户。

3.2.3 借贷记账法下的账户结构

在借贷记账法下，账户的基本结构是：左方为借方，右方为贷方。下面分别介绍资产类账户结构和负债、所有者权益账户结构。

资产类账户结构：

资产类账户是用来核算企业各项资产增减变动情况及其结果的账户。该类账户借方登记增加额，贷方登记减少额，期初、期末余额在借方，反映结存资产的实有数额。资产账户的结构如图3－1所示。可以看出，账户的余额与登记增加额的方向相同。

会计科目

借方	贷方
期初余额：	
本期发生额：	本期发生额：
期末余额：	

图 3－1 资产账户的结构

资产类账户期末余额的确定方法是：

资产类账户期末借方余额＝期初借方余额＋本期借方发生额－本期贷方发生额

以银行存款为例，介绍资产类丁字账的登记方法。

企业月初银行存款余额为 80000 元，本月发生下列业务：

（1）收到投资货币资金 10000 元存入银行；

（2）以银行存款支付前欠货款 5000 元；

（3）以银行存款支付厂部水电费 1000 元；

（4）出售产品 7000 元，收到 4000 元存入银行，余款对方暂欠；

（5）收到某单位归还前欠购货款 6000 元存入银行。

要求：（1）编制会计分录；

（2）登记银行存款丁字账。

会计分录：

（1）借：银行存款	10000		（√）
贷：实收资本		10000	
（2）借：应付账款	5000		
贷：银行存款		5000	（√）
（3）借：管理费用	1000		
贷：银行存款		1000	（√）
（4）借：银行存款	4000		（√）
应收账款	3000		
贷：主营业务收入		7000	
（5）借：银行存款	6000		（√）
贷：应收账款		6000	

登记银行存款丁字账需要注意的是：按经济业务顺序逐笔登记。经济业务在丁字账登记后，在会计分录银行存款金额处作出标记（√），以避免漏记或重复登记。为了与数字金额相区别，在丁字账中用括号表示经济业务顺序号。

实际工作中，经常使用丁字账进行会计数据的汇总。

银行存款丁字账登记方法如图 3－2 所示。

借方	银行存款	贷方	
期初余额：	80000	（2）	5000
（1）	10000	（3）	1000
（4）	4000		
（5）	6000		
本期发生额：	20000	本期发生额：	6000
期末余额：	94000		

图 3－2　银行存款丁字账登记方法

负债账户结构：负债类账户是用来核算企业各项负债增减变动及其结果情况的账户。该类账户贷方登记增加额，借方登记减少额，期初、期末余额一般在贷方，反映企业债务的实有数额。负债类账户结构如图 3－3 所示。

借方	会计科目　贷方
	期初余额：
本期发生额：	本期发生额：
	期末余额：

图 3－3　负债类账户结构

负债类账户期末余额的确定方法是：

负债账户期末贷方余额＝期初贷方余额＋本期贷方发生额—本期借方发生额

所有者权益类账户结构与资产账户结构相同，这里不再赘述。

负债、所有者权益类账户丁字账的登记方法与资产类账户登记方法类似，不再列举实例。需要注意的是期初、期末余额的方向是贷方。余额的计算方法也需要留意。

收入类、费用类账户结构比较简单。每月需要将取得的收入、发生的费用转入利润类账户，核算盈亏，所以这两类账户没有期初、期末余额。利润类账户结构特殊，借方、贷方登记不同含义的内容，余额方向决定于企业的盈亏情况。收入类、费用类、利润类账户在今后学习中具体介绍。

通过上述内容可以看出，借贷记账法有以下优点：

（1）借贷记账法下账户之间具有对应关系，反映的经济业务清晰明确，经济业务来龙去脉一目了然，便于账户之间的核对；

（2）账户适应性强，为设置具有双重性质账户奠定基础。例如企业可以不设置“预收账款”、“预付账款”账户，分别合并在“应收账款”、“应付账款”，此时应收账款、应付账款账户具有双重性质；

（3）根据“有借必有贷，借贷必相等”的记账规则，能够对每月经济业务发生额进行汇总，并试算平衡，检查账簿记录有无差错。

3.2.4　试算平衡

根据会计分录登记账簿（账户）后，需要对账户登记内容的正确性进行检查。试算平衡就是通过平衡关系检查和验证账户记录是否正确的专门方法。借贷记账法的平衡关系有两大类：余额平衡和发生额平衡。

一类平衡关系是余额平衡，有期初余额平衡和期末余额平衡，公式是：

所有账户期末（期初）借方余额之和 = 所有账户期末（期初）贷方余额之和

余额平衡的依据来自会计恒等式（资产 = 负债 + 所有者权益）。有借方余额的账户是资产类账户，有贷方余额的账户是负债、所有者权益类账户。因此，这三类账户期初或期末余额具有平衡关系。

另一类平衡关系是发生额的平衡，公式为：

所有账户借方发生额之和 = 所有账户贷方发生额之和

发生额的平衡依据来自借贷记账法“有借必有贷，借贷必相等”的记账规则。记录发生额的是那些会计分录，每一个会计分录都具有平衡关系。对本月发生的所有经济业务，编制会计分录，通过丁字账进行汇总后，同样具有平衡关系。

试算平衡举例：

企业月初各账户余额见表 3－2。

表 3－2　企业月初各账户余额

账　户	借　方	贷　方
银行存款	50000	
应收账款	8000	
原材料	5000	
固定资产	100000	
应付账款		7000
实收资本		156000
合　计	163000	163000

本月发生下列业务：

（1）收到投资材料 9000 元；

（2）购入设备价值 15000 元，以银行存款支付 10000 元，余款暂欠；

（3）收到某单位归还前欠货款4000元存入银行；

（4）以银行存款支付前欠货款3000元；

（5）购入材料7000元，以银行存款支付5500元，余款暂欠。

要求：（1）编制会计分录；

（2）登记丁字账；

（3）填制试算平衡表。

编制会计分录：

（1）借：原材料　9000　（√）
　　贷：实收资本　9000　（√）

（2）借：固定资产　15000　（√）
　　贷：银行存款　10000　（√）
　　　　应付账款　5000　（√）

（3）借：银行存款　4000　（√）
　　贷：应收账款　4000　（√）

（4）借：应付账款　3000　（√）
　　贷：银行存款　3000　（√）

（5）借：原材料　7000　（√）
　　贷：银行存款　5500　（√）
　　　　应付账款　1500　（√）

登记丁字账如下：

借方　银行存款　贷方

借方	贷方
期初余额：50000	（2）10000
（3）4000	（4）3000
	（5）5500
本期发生额：4000	本期发生额：18500
期末余额：35500	

借方　应收账款　贷方

借方	贷方
期初余额：8000	（3）4000
本期发生额：—	本期发生额：4000
期末余额：4000	

借方　原材料　贷方

借方	贷方
期初余额：5000	
（1）9000	
（7）7000	
本期发生额：16000	本期发生额：—
期末余额：21000	

借方　固定资产　贷方

借方	贷方
期初余额：100000	
（2）15000	
本期发生额：15000	本期发生额：—
期末余额：115000	

借方 应付账款	贷方
	期初余额： 7000
(4) 3000	(2) 5000
	(5) 1500
本期发生额：3000	本期发生额：6500
	期末余额： 10500

借方 实收资本	贷方
	期初余额：156000
	(1) 9000
本期发生额：—	本期发生额：9000
	期末余额：165000

填制试算平衡表，见表 3－3。

表 3－3 试算平衡表

账户	期初余额		本期发生额		期末余额	
	借方	贷方	借方	贷方	借方	贷方
银行存款	50000		4000	18500	35500	
应收账款	8000		—	4000	4000	
原材料	5000		16000	—	21000	
固定资产	100000		15000	—	115000	
应付账款		7000	3000	6500		10500
实收资本		156000	—	9000		165000
合　计	163000	163000	38000	38000	175500	175500

在登记丁字账时，账户（会计科目）按会计科目表顺序排列，便于查找。借方或贷方本期没有发生额时，在汇总项目上以“—”表示，说明不是漏记。

在登记试算平衡表时，账户也遵循一定排列顺序，道理与丁字账相同。在填写平衡表的发生额栏目时，对于没有发生额的账户，应以“—”表示，道理同上。各类账户期初或期末有余额时，只能在借方或贷方，因此空格不需要进行处理。

试算平衡只能检查金额在登记和汇总时的错误，具有平衡关系不能说明会计记录不存在问题。如果使用的会计科目错误，或者借方、贷方账户方向错误等，也存在平衡关系。这些错误不能通过试算平衡发现。所以在会计核算过程中，要准确填写、仔细核对、认真检查，避免错误的发生。

常见不平衡的查找方法如下：

（1）求差法：将借方、贷方合计数求差。核对有无与差相同金额的经济业务，是否漏记或重复登记。

（2）除 2 法：第一种方法没有找出错误时，将差除 2，得到商。核对有无与商相同金额的经济业务，是否在登记丁字账时将方向记反，本来是借方的金额登记在贷方，本来是贷方金额登记在借方。

（3）除 9 法：前两种方法未发现错误时，将借方、贷方合计数求差，然后除 9。如果能够整除，可能是金额数字在书写时移位，或数字书写颠倒引起的不平衡。例如4000错记成400，差为3600，能被9整除。另外8600错记成6800，差为1800，能被9整除。核对差错时，注意这两种错误形式，有目的地查找，能够节省时间。

3.3 制造业会计核算实例

我们以制造业日常发生的主要经济业务为例，系统说明账户与复式记账的应用。工业企业的生产经营过程是以产品生产为中心，实现供应过程、生产过程、销售过程的统一。按各类经济业务的特点，工业企业的主要经济业务包括筹集资金业务、生产准备业务、产品生产业务、销售业务和利润形成与分配业务。

3.3.1 第一阶段：筹集资金业务的核算

工业企业的会计对象是生产经营过程中的资金运动，包括资金的投入，资金循环、周转和资金退出等过程。筹集资金是资金运动的起点，也是整个生产经营过程的起点。企业资金主要来源于两个方面：一是投资者投入及其增值；二是向银行及非金融机构举债。下面具体介绍投入资本和短期借款的核算。

3.3.1.1 投入资本的核算

投入资本，又称资本金，是投资者实际投入企业各种财产物资及货币资金。投入资本包括投资者原始投资及其追加投资。

工业企业的投入资本按照投资主体的不同，分为国家资本金、法人资本金、个人资本金和外商资本金。国家资本金是指政府部门或机构以国有资产投入企业的资本金；法人资本金是指其他法人单位以依法可支配的资产投入企业形成的资本金；个人资本金是指社会个人或企业内部职工以个人合法财产投入企业形成的资本金；外商资本金是指国外投资者以及我国香港、澳门、台湾地区投资者投入企业形成的资本金。按投入资本的形态不同，投入资本分为货币投资、实物投资和无形资产投资等。对于企业来说，取得货币投资是最好的投资形态，而对于投资者来说，较好的投资形态是无形资产投资。

投资者投入资本的入账价值是资本核算的主要问题。对于货币投资和原材料投资，以实际收到的货币资金及原材料价值登记入账。对于固定资产投资，以双方协商作价金额登记入账。

账户设置：

“实收资本”账户，所有者权益类账户。核算投资者实际投资额的账户。贷方登记投资者投入企业的资本数额，借方登记经批准减少资本金的数额。由于投资人不得任意抽回资本，因此借方很少有发生额。期末余额在贷方，反映投入资本金的结余额。该账户可按投资者设置明细账户。

“银行存款”账户，资产类账户。核算企业存入银行或其他金融机构的各种款项。借方登记存入银行的款项数额，贷方登记提取和使用存款的数额。期末余额在借方，反映银行存款的结存数。

“固定资产”账户，资产类账户。核算企业固定资产原始价值。借方登记固定资产的增加额，贷方登记固定资产的减少额。期末余额在借方，反映固定资产原始价值的结存数。

核算实例：

【例1】收到某企业货币投资500000元存入银行。

这项经济业务，银行存款增加，登记在借方；实收资本增加，登记在贷方。

借：银行存款　　500000

　　贷：实收资本　　500000

【例2】收到投资设备一台，双方协商作价20000元。

这项经济业务，固定资产增加，登记在借方；实收资本增加，登记在贷方。

借：固定资产　　20000

　　贷：实收资本　　20000

3.3.1.2 短期借款的核算

短期借款是指为满足企业生产经营活动对临时资金的需求，向银行或其他金融机构借入的偿还期限一年以内的各种借款。借款到期，还本付息。利息费用的核算，应当遵循权责发生制进行处理。利息费用在借款使用期限内各月份平均分担，而不是计入到期支付时的月份费用中。

账户设置：

“短期借款”账户，负债类账户。核算由银行或其他金融机构借入的期限一年内借款本金的账户。贷方登记取得的借款本金，借方登记到期偿还的借款本金。期末余额在贷方，反映尚未到期偿还的借款本金。

“财务费用”账户，损益类账户（费用类）。核算筹集资金发生的费用。借方登记发生的财务费用，包括借款利息支出，银行结算手续费等；贷方登记应冲减财务费用的利息收入及期末转入“本年利润”账户核算盈亏的财务费用净额。期末无余额。

“应付利息”账户，负债类账户。核算按合同约定应支付的借款利息。贷方登记应付未付利息数额，借方登记实际支付利息数额。期末余额在贷方，反映尚未支付的利息数额。

核算实例：

【例3】从银行取得季度借款60000元，年利率6%，款项存入银行。

这项经济业务，银行存款增加，登记在借方；短期借款增加，登记在贷方。

借：银行存款　　60000

　　贷：短期借款　　60000

【例4】结算本月负担的银行借款利息300元（60000×6%÷12）。

这项经济业务，财务费用增加，登记在借方。借款利息需要借款到期支付，对于本月只是负债的增加，登记在应付利息账户的贷方。

借：财务费用　　300

　贷：应付利息　　300

【例5】上述借款到期，以银行存款支付本金60000元及利息900元（300×3），三个月利息已经预先提取。

这项经济业务，短期借款减少，登记在借方。三个月应付未付的利息共计900元，现在支付，涉及应付利息减少，登记在借方。款项以银行存款支付，银行存款减少，登记在贷方。

借：短期借款　　60000

　　应付利息　　900

　贷：银行存款　　60900

3.3.2 第二阶段：生产准备业务的核算

工业企业生产经营资金到位后，需要兴建厂房，采购生产设备及原材料，为产品生产做准备，外购材料是经常性生产准备业务，进行具体介绍。

企业外购材料成本由买价和采购费用组成。买价是指企业向供货单位按照合同规定支付的价款。需要注意的是，如果取得普通发票，买价中包含税金在内；如果取得增值税专用发票，买价不包含税金，增值税需要单独列示，单独处理。采购费用是采购材料发生的运输费、仓储费、保险费、运输途中的合理损耗，以及入库前的挑选、整理、包装等费用。

账户设置：

外购材料是企业日常一项重要工作。为了加强企业材料的管理，反映材料库存增减变动及结存情况，监督材料的保管和使用，设置在途物资、原材料、应付账款、预付账款、应交税费等账户。

“在途物资”账户，资产类账户。核算外购原材料成本的账户。借方登记外购原材料的买价及采购费用，贷方登记原材料验收入库转入“原材料”账户外购原材料实际成本。期末余额在借方，反映尚未验收入库的原材料实际成本。该账户按原材料品种、规格设置明细账户，进行明细分类核算。

“原材料”账户，资产类账户。核算企业库存原材料情况的账户。借方登记验收入库原材料的实际成本，贷方登记领用消耗原材料的实际成本。期末余额在借方，反映期末结存原材料的实际成本。该账户按原材料的品种、规格设置明细账户，进行明细分类核算。

“库存现金”账户，资产类账户。核算企业存放在财会部门供日常零星支出的货币资金账户。借方登记现金增加数额，贷方登记现金减少数额。期末余额在借方，反映现金的结余数额。

“应付账款”账户，负债类账户。核算企业采购货物和接受劳务应付给供应单位的款项。贷方登记采购活动和接受劳务应付未付的款项数额，借方登记实际偿还的款项数额。期末余额一般在贷方，反映尚未偿还给供应单位的款项数额。该账户按供应单位设置明细账户，进行明细分类核算。

“预付账款”账户，资产类账户。核算企业按合同规定预先支付给供应单位的款项。借方登记预先支付的款项数额，贷方登记清算后抵减的款项数额。期末余额在借方，反映实际预付的款项数额；如果期末余额在贷方，反映需要补付给供应单位的款项数额。该账户按供应单位设置明细账户，进行明细分类核算。

“应交税费”账户，负债账户。核算企业按税法及国家政策规定应交纳的各种税费，如增值税、城市维护建设税（城建税）、企业所得税、教育费附加等。贷方登记应交未交的税费数额，借方登记已交税费数额或用于抵扣的增值税进项税额。期末余额在贷方，反映尚未交纳的税费数额；如果期末余额在借方，反映多交的税费或尚未抵扣的增值税进项税额。该账户按税费种类设置明细账户，进行明细分类核算。增值税需要设置“进项税额”“销项税额”“已交税金”“进项税额转出”等专栏。

核算实例：

【例 6】购入甲材料 10000 元，增值税税率 17%，税额 1700 元，款项以银行存款支付。

这项经济业务，外购材料的买价，登记在“在途物资”的借方；增值税，是企业垫付的需要抵扣的增值税进项税额，登记在“应交税费”的借方。银行存款减少，登记在贷方。这里需要注意，应交税费账户登记在借方，不能理解为企业负债的减少，是一种特别的处理方式，是为购买企业产品的购货方代垫的税金，在企业销售产品时进行清算。

借：在途物资—甲材料	10000	
应交税费—应交增值税（进项税额）	1700	
贷：银行存款		11700

【例 7】以现金支付甲材料的运输费用 1000 元。

运输费用，属于采购费用，是外购材料成本的组成部分，登记在“在途物资”账户的借方，现金减少，登记在“库存现金”账户的贷方。

借：在途物资—甲材料	1000	
贷：库存现金		1000

【例 8】甲材料验收入库，按实际成本转账。

材料验收入库，需要将外购材料的总成本——买价与采购费用之和（10000

+1000）从“在途物资”账户转入“原材料”账户。

借：原材料—甲材料　　11000

　　贷：在途物资—甲材料　　11000

【例9】购入乙材料20000元，增值税3400元，款项暂欠光明工厂。

买价和增值税，分别登记在“在途物资”和“应交税费”的借方；款项未付，登记在“应付账款”账户的贷方。

借：在途物资—乙材料　　20000

　　应交税费—应交增值税（进项税额）　　3400

　　贷：应付账款—光明工厂　　23400

【例10】以银行存款支付前欠光明工厂购货款23400元。

应付账款减少，登记在该账户借方；银行存款减少，登记在该账户贷方。

借：应付账款—光明工厂　　23400

　　贷：银行存款　　23400

【例11】以银行存款预交购买丙材料货款40000元给光辉工厂。

这项经济业务，企业债权增加，登记在“预付账款”账户的借方；款项以银行存款支付，登记在“银行存款”账户的贷方。

借：预付账款—光辉工厂　　40000

　　贷：银行存款　　40000

【例12】丙材料到货，买价30000元，增值税5100元，款项在预交款中冲销。买价和增值税，登记在“在途物资”和“应交税费”账户的借方；预付账款减少，登记在该账户的贷方。

借：在途物资—丙材料　　30000

　　应交税费—应交增值税（进项税费）　　5100

　　贷：预付账款—光辉工厂　　35100

【例13】购入甲材料6000公斤，价值50000元；购入乙材料2000公斤，价值10000元。买价及增值税10200元以银行存款支付。

借：在途物资—甲材料　　50000

　　　　　　—乙材料　　10000

　　应交税费—应交增值税（进项税费）　　10200

　　贷：银行存款　　70200

【例14】以银行存款支付上述甲、乙材料采购费用共计8800元。采购费用以甲、乙材料重量为标准分配。

这项经济业务，首先对采购费用进行分配。分配标准必须选择与采购费用数额多少有直接关系的指标，才能使采购费用的分配符合实际情况，才能准确计算材料采购成本。分配过程如下：

计算分配率：

$$分配率=\frac{共同发生的费用（采购费用）}{分配标准合计（材料总重量）}$$

$$=\frac{8800}{6000+2000}=1.1$$

分配采购费用：

甲材料负担的采购费用 = 甲材料重量 × 分配率

= 6000 × 1.1 = 6600 元

乙材料负担的采购费用 = 乙材料重量 × 分配率

= 2000 × 1.1 = 2200 元

注意，如果计算的分配率是除不尽的小数，最后一项的费用分配应当用总数与前几项相减确定，避免误差的出现。第三阶段产品生产业务核算中对制造费用进行分配，原理相同。

借：在途物资—甲材料　　6600

　　　　　　—乙材料　　2200

　　贷：银行存款　　8800

【例 15】甲、乙材料验收入库，按实际采购成本转账。

甲材料采购成本 = 买价 + 采购费用 = 50000 + 6600 = 56600 元

乙材料采购成本 = 买价 + 采购费用 = 10000 + 2200 = 12200 元

借：原材料—甲材料　　56600

　　　　　—乙材料　　12200

　　贷：在途物资—甲材料　　56600

　　　　　　　　—乙材料　　12200

上述甲材料、乙材料的成本核算过程可以通过表格（表 3-4 和表 3-5）的形式反映。

表 3-4 采购费用分配表

材料名称	分配标准（材料总重量）/千克	分配率	分配金额/元
甲材料	6000	1.1	6600
乙材料	2000	1.1	2200
合 计	8000	—	8800

表 3-5 原材料成本计算表

成 本	甲材料成本	乙材料成本
买 价	50000	10000
采购费用	6600	2200
成本合计	56600	12200

3.3.3 第三阶段：产品生产业务的核算

产品生产业务是企业从材料投入到产品完工入库的过程。产品生产是工业企业生产经营活动的中心工作。在生产过程中所发生的以货币表现的各种耗费，称为生产费用。生产费用，要按产品的品种、规格进行归集和分配，从而确定完工产品成本。

生产费用按计入产品成本方式不同，分为直接费用和间接费用。直接费用是指与产品生产有直接关系的费用，如直接材料费、直接人工费等。直接材料费指直接用于产品生产的，构成产品实体的各种原材料、主要材料、外购半成品及有助于产品形成的辅助材料和其他材料等。直接人工指直接从事产品生产的工人工资、奖金、津贴、补贴及福利费等。间接费用是指企业生产车间为组织和管理生产活动而发生的各种支出，又称制造费用。如生产用固定资产的折旧费，产品生产过程中的水电费，车间管理人员的办公费、工资福利费等。直接材料、直接人工和制造费用，是生产费用按经济用途进行的分类，称为成本项目。

账户设置：

为了合理归集、分配生产费用，及时、准确计算各种产品成本，在产品生产过程中设置生产成本、制造费用、累计折旧、管理费用、应付职工薪酬、库存商品等账户。

“生产成本”账户，成本类账户（资产类）。核算产品成本的账户。借方登记产品生产中发生的直接材料费、直接人工费以及期末从“制造费用”账户分配转入的由各种产品负担的间接费用；贷方登记产品完工验收合格转入“库存商品”账户完工产品的实际成本。期末余额在借方，反映尚未完工产品的实际成本。该账户按产品品种、规格设置明细账户，进行明细分类核算。

“制造费用”账户，成本类账户（费用类）。核算产品生产中发生的各种间接费用的账户。借方登记产品生产中发生的各种间接费用，贷方登记期末分配转入“生产成本”账户，由各种产品成本负担的间接费用。期末一般无余额。

“累计折旧”账户，资产类账户。核算固定资产因磨损（折旧）价值降低的数额。固定资产在使用过程中的磨损价值，通过折旧的方式在固定资产使用期限内，转移到成本费用账户。但固定资产的价值降低，不调整“固定资产”账户的固定资产原始价值，而是通过“累计折旧”账户核算。该账户虽然属于资产类账户，但登记内容是固定资产的磨损价值，所以账户结构与其他资产账户结构不同。贷方登记提取的固定资产折旧数额，借方登记由于固定资产报废、出售等转出的固定资产折旧数额。期末余额在贷方，反映现有固定资产的折旧累计数额。

“管理费用”账户，损益类账户（费用类）。核算企业行政管理部门为管理整个企业生产经营活动发生的各种费用。如企业管理部门在经营管理中发生的办公费、水电费、管理人员的工资福利费；固定资产维修费、行政管理部门用固定资产折旧费；工会经费、职工教育费等。借方登记发生的各种管理费用，贷方登记期末转入“本年利润”账户核算盈亏的管理费用数额。期末无余额。

“应付职工薪酬”账户，负债类账户。核算根据规定应支付给职工的各种薪酬。如职工工资、奖金、津贴、补贴、职工福利费、社会保险费等。贷方登记应付未付的职工薪酬数额，借方登记实际支付的职工薪酬数额。期末余额在贷方，反映尚未领取或尚未支付的职工薪酬数额。

“库存商品”账户，资产类账户。核算企业全部生产过程结束，验收合格入库的产成品成本账户。借方登记验收入库产成品成本，贷方登记由于销售等原因减少的产成品成本。期末余额在借方，反映库存产成品的实际成本。该账户按产品品种、规格设置明细账户，进行明细分类核算。

核算实例：

【例 16】 生产 A 产品消耗甲材料 35000 元，消耗乙材料 45000 元。

这项经济业务，直接材料费 80000 元登记在“生产成本”账户借方，原材料减少，登记在“原材料”账户贷方。

借：生产成本—A 产品	80000	
贷：原材料—甲材料		35000
—乙材料		45000

【例 17】 领用生产设备维护用机物料 1000 元。

这项经济业务，发生计入产品成本的间接费用 1000 元，登记在“制造费用”账户借方，机物料属于原材料，登记在“原材料”账户贷方。

借：制造费用	1000	
贷：原材料—机物料		1000

【例 18】 以银行存款支付水电费 18300 元，其中生产部门水电费 17000 元，企业行政部门水电费 1300 元。

生产部门水电费属于间接费用，登记在“制造费用”的借方；厂部水电费，登记在“管理费用”账户借方。款项以银行存款支付，登记在“银行存款”账户贷方。

借：制造费用	17000	
管理费用	1300	
贷：银行存款		18300

【例 19】 提取本月固定资产折旧 14000 元，其中生产用固定资产折旧 10000 元，厂部用固定资产折旧 4000 元。

按固定资产所属部门，生产用固定资产折旧费作为间接费用，登记在“制造费用”借方；厂部用固定资产折旧费，登记在“管理费用”账户借方。固定资产的磨损价值，登记在“累计折旧”账户的贷方。

借：制造费用　　10000

管理费用　　4000

贷：累计折旧　　14000

【例20】结算本月职工工资，生产A产品工人工资60000元，生产B产品工人工资40000元，车间管理人员工资20000元，厂部人员工资30000元。

按人员所属部门，生产工人工资是直接人工费，登记在“生产成本”借方；车间管理人员工资，属于间接费用，登记在“制造费用”账户借方；厂部人员工资，登记在“管理费用”的借方。同时企业有关工资方面的负债增加150000元，登记在“应付职工薪酬”贷方。

借：生产成本—A产品　　60000

—B产品　　40000

制造费用　　20000

管理费用　　30000

贷：应付职工薪酬　　150000

【例21】按职工工资总额的14%提取职工福利费。

职工福利费，用于职工医药卫生、生活困难补助、集体福利以及企业所属福利设施的日常支出。职工福利费的提取，一方面企业成本、费用增加，按人员所属部门，分别登记在“生产成本”“制造费用”“管理费用”的借方。负债增加，登记在“应付职工薪酬”的贷方。

A产品生产工人福利费 = 60000 × 14% = 8400元

B产品生产工人福利费 = 40000 × 14% = 5600元

车间管理人员福利费 = 20000 × 14% = 2800元

企业行政部门福利费 = 30000 × 14% = 4200元

借：生产成本—A产品　　8400

—B产品　　5600

制造费用　　2800

管理费用　　4200

贷：应付职工薪酬　　21000

【例22】通过银行转账形式支付职工工资150000元。

发放工资，企业有关工资方面的负债减少，登记在“应付职工薪酬”账户的借方；银行存款减少，登记在该账户贷方。

借：应付职工薪酬　　150000

贷：银行存款　　150000

【例23】以银行存款支付下季度（不包括本月）生产设备租赁费3300元。

按照权责发生制要求。虽然这项支出与产品成本有关，并且在本月支付，但是不能计入本月成本、费用，应当由以后三个月的费用、成本分别负担。本月作为预付款对待。这项经济业务，登记在"预付账款"的借方和"银行存款"的贷方。

借：预付账款—设备租赁费　　3300

　　贷：银行存款　　3300

【例 24】以银行存款支付生产车间办公费 1000 元。

这项经济业务涉及制造费用增加，银行存款减少，分录为：

借：制造费用　　1000

　　贷：银行存款　　1000

【例 25】月末结转制造费用，制造费用以生产工人工资为标准分配（A 产品工人工资 60000 元，B 产品工人工资 40000 元）。

本月制造费用发生额，涉及例 17 ~ 例 21 和例 24，合计为 1000 + 17000 + 10000 + 20000 + 2800 + 1000 = 51800 元，按生产工人工资标准分配，方法与采购费用的分配相同：

$$制造费用分配率 = \frac{本月制造费用合计}{A\text{ 产品工人工资} + B\text{ 产品工人工资}}$$

$$= \frac{51800}{60000 + 40000} = 0.518$$

A 产品负担的制造费用 = 60000 × 0.518 = 31080 元

B 产品负担的制造费用 = 40000 × 0.518 = 20720 元

经过分配，A 产品负担制造费用 31080 元，B 产品负担制造费用 20720 元。这项经济业务，制造费用转出，登记在该账户贷方；发生的间接费用，由两种产品成本负担，登记在"生产成本"账户的借方。

借：生产成本—A 产品　　31080

　　　　　　—B 产品　　20720

　　贷：制造费用　　51800

制造费用分配过程可以通过表格形式反映（表 3 - 6）。

表 3 - 6　制造费用分配表

产品名称	分配标准（生产工人工资）/元	分配率	分配金额/元
A 产品	60000	0.518	31080
B 产品	40000	0.518	20720
合　计	100000	—	51800

【例 26】假设本月生产的 A 产品全部完工验收入库，按实际成本转账。

A 产品成本涉及例 16、例 20、例 21、例 25，总成本合计为 80000 + 60000 + 8400 + 31080 = 179480 元。产品完工，产成品增加，登记在"库存商品"的借方；完工产品总成本由“生产成本”账户归集而来，此时“生产成本”账户记录的在产品数额由于产品完工而减少，登记在贷方。

借：库存商品—A 产品　　179480

　贷：生产成本—A 产品　　179480

企业生产的 A 产品成本计算形式，可以通过表格形式反映（假定产品数量为 100 件）（表 3－7）。

表 3－7　产品成本计算表　（元）

成本项目	总成本	单位成本
直接材料费	80000	800
直接人工费	68400	684
制造费用	31080	310.80
合　计	179480	1794.80

3.3.4　第四阶段：产品销售业务的核算

产品销售过程是工业企业生产经营过程的第三阶段，是企业经营活动的关键环节。生产的产品需要销售出去，收回资金，企业生产经营活动才能顺利进行，才能保证扩大再生产的资金需求。产品销售业务的核算主要包括销售收入的核算、增值税及其他税费的核算、销售费用的核算、销售成本的核算等。

账户设置：

在销售过程中，企业需要确定销售收入，办理货款结算，计算销售成本，支付各种销售费用，以及收取增值税销项税金，应设置主营业务收入、主营业务成本、营业税金及附加、销售费用等账户。

“主营业务收入”账户，损益类账户（收入类）。核算销售产品取得的收入账户。贷方登记销售产品取得的收入，借方登记期末转入“本年利润”账户核算盈亏的主营业务收入数额。期末无余额。该账户按产品、品种规格设置明细账户，进行明细分类核算。

“主营业务成本”账户，损益类账户（费用类）。核算售出产品成本的账户。借方登记售出产品的实际成本，贷方登记期末转入“本年利润”账户核算盈亏的售出产品成本数额。期末无余额。该账户按产品品种、规格设置明细账户，进行明细分类核算。

“营业税金及附加”账户，损益类账户（费用类）。核算企业经营活动中需交纳的城建税、教育费附加等税费的账户。借方登记应交纳的税费数额，贷方登记期末转入“本年利润”账户核算盈亏的税费数额。期末无余额。

“销售费用”账户，损益类账户（费用类）。核算销售产品过程中发生的费用，包括销售产品的运杂费、推销产品的展销费、产品广告费以及企业独立销售机构的日常支出。借方登记发生的各类销售费用，贷方登记期末转入“本年利润”账户核算盈亏的销售费用数额。期末无余额。

“应收账款”账户，资产类账户。核算出售产品等经营活动应收回的款项。借方登记应收回的款项数额，贷方登记实际收回的款项数额。期末余额一般在借方，反映尚未收回的款项数额。账户按购货单位设置明细账户，进行明细分类核算。

“预收账款”账户，负债类账户。核算企业按合同规定向购货单位预先收取的款项。贷方登记预先收取的款项数额，借方登记清算后抵减的款项数额。期末余额在贷方，反映实际预收的款项数额；如果在借方，反映需要购货单位补交的款项数额。该账户按购货单位设置明细账户，进行明细分类核算。

核算实例：

【例27】出售A产品40000元，增值税6800元，款项收到存入银行。

这项经济业务发生，企业取得款项46800元存入银行，登记在“银行存款”借方；其中收入增加40000元，登记在“主营业务收入”的贷方；6800元为企业代替税务部门收取的，需要最后送交税务部门的增值税销项税额，负债增加，登记在“应交税费”贷方。

借：银行存款 46800

　　贷：主营业务收入—A产品 40000

　　　　应交税费—应交增值税（销项税额） 6800

【例28】出售B产品90000元，增值税15300元，款项红光公司暂欠。

企业债权增加105300元，登记在“应收账款的”账户借方；“主营业务收入”和“应交税费”增加，登记在两个账户的贷方。

借：应收账款—红光公司 105300

　　贷：主营业务收入—B产品 90000

　　　　应交税费—应交增值税（销项税额） 15300

【例29】收到红星公司按规定预交的购买产品货款20000元存入银行。

银行存款增加，登记在该账户的借方；负债增加，登记在“预收账款”账户的贷方。

借：银行存款 20000

　　贷：预收账款—红星公司 20000

【例30】出售C产品给红星公司，取得收入10000元，增值税1700元。款项在预交款抵扣。

这项经济业务，企业所欠红星公司的款项由于销售活动而减少，登记在“预收账款”账户的借方；收入和税金增加，登记在“主营业务收入”和“应交税费”账户的贷方。

借：预收账款—红星公司　　11700

　　贷：主营业务收入—C 产品　　10000

　　　　应交税费—应交增值税（销项税额）　　1700

【例 31】以银行存款支付产品广告费 12000 元，本月负担 3000 元。

为了使企业各月份费用、支出发生额均衡，参照权责发生制，对一些特别的费用、支出进行核算。会计人员根据企业每月费用承受能力，对 12000 元的支出做出合理分摊。支付时全部数额登记在“预付账款”的借方，同时银行存款减少，登记在贷方，以反映这项费用支出的全貌；某月负担时登记在“销售费用”借方，同时待分配费用减少，登记在“预付账款”账户的贷方。

支付广告费时：

借：预付账款—广告费　　12000

　　贷：银行存款　　12000

月末对本月负担的广告费进行处理时：

借：销售费用　　3000

　　贷：预付账款—广告费　　3000

【例 32】结算本月应交城建税 238 元。

城建税属于企业一项支出，登记在“营业税金及附加”账户借方；同时企业负债增加，登记在“应交税费”账户贷方。城建税的计算依赖于企业应上交的增值税。每月上交增值税是增值税销项税额与进项税额的差，企业增值税销项税额涉及例 27、例 28、例 30，金额合计为 6800 + 15300 + 1700 = 23800 元；进项税额涉及例 6、例 9、例 12、例 13，金额合计为 1700 + 3400 + 5100 + 10200 = 20400 元。企业本月应交增值税为 23800 − 20400 = 3400 元。

本月应交城建税 = 3400 × 7%（城建税税率）= 238 元

借：营业税金及附加　　238

　　贷：应交税费—应交城建税　　238

【例 33】结算本月应交教育费附加 102 元。

教育费附加是企业通过税务部门交纳财政的专门款项，作为社会教育部门一项教育经费来源。这项经济业务，企业费用增加，登记在“营业税金及附加”账户借方；负债增加，登记在“应交税费”账户贷方。计算原理与城建税相同。

本月应交教育费附加 = 3400 × 3%（教育费交纳比率）= 102 元

借：营业税金及附加　　102

　　贷：应交税费—应交教育费附加　　102

【例 34】结算本月售出产品成本。A 产品成本 22000 元，B 产品成本 16000 元，C 产品成本 5500 元。

产品售出，企业产成品减少，登记在“库存商品”账户贷方，库存商品减少数额，就是售出产品的成本数额，登记在“主营业务成本”账户的借方。

借：主营业务成本—A 产品 22000
—B 产品 42000
—C 产品 5500
贷：库存商品—A 产品 22000
—B 产品 42000
—C 产品 5500

【例 35】以银行存款交纳增值税 10000 元，城建税 700 元，教育费附加 300 元（假定为上月应交未交数额）。

交纳税金，企业负债减少，登记在“应交税费”账户的借方，交纳的增值税登记在“已交税金”专栏。以银行存款支付，登记在“银行存款”账户的贷方。

借：应交税费—应交增值税（已交税金） 10000
—应交城建税 700
—应交教育费附加 300
贷：银行存款 11000

3.3.5 第五阶段：利润形成与分配业务的核算

一定时期企业经营状况如何，具体体现在盈亏上。利润是企业生产经营活动的最终成果，是反映企业经济效益的重要指标。本节介绍利润形成与利润分配的具体核算方法。

3.3.5.1 利润形成的核算

利润是收入与费用、支出相抵后的差额。企业盈利后，经营所得需要交纳企业所得税。有关利润的指标计算公式如下：

毛利 = 主营业务收入 - 主营业务成本

营业利润 = 主营业务收入 - 主营业务成本 - 营业税金及附加 + 其他业务收入 - 其他业务成本 - 销售费用 - 管理费用 - 财务费用

利润总额 = 营业利润 + 营业外收入 - 营业外支出净利润

= 利润总额 - 所得税费用

可以看出，利润由毛利、营业利润、利润总额和净利润构成，毛利水平直接影响企业的盈利数额。只有在取得足够多的毛利基础上，才能保证企业取得盈利，才能保证生产经营活动的正常进行。

账户设置：

“本年利润”账户，所有者权益账户。核算企业本年度实现净利润（亏损）

数额的账户。贷方登记期末从收入账户转入的收入数额；借方登记期末从费用、支出账户转入的费用、支出数额。期末余额在贷方或借方，反映企业本年度累计实现的净利润或累计发生的亏损数额。年末将该账户余额转入“利润分配”账户。年末“本年利润”账户无余额。

“其他业务收入”账户，损益类账户（收入类）。核算企业出售产品以外的其他经营活动取得的收入。贷方登记取得的其他业务收入数额，借方登记期末转入“本年利润”账户核算盈亏的其他业务收入数额。期末无余额。

“其他业务成本”账户，损益类账户（费用类）。核算企业出售产品以外的其他经营活动所发生的支出。借方登记发生的其他业务支出数额，贷方登记期末转入“本年利润”账户核算盈亏的其他业务支出数额。期末无余额。

“营业外收入”账户，损益类账户（费用类）。核算企业取得的与经营活动无关的收入。贷方登记取得的营业外收入数额，借方登记期末转入“本年利润”账户核算盈亏的营业外收入数额。期末无余额。

“营业外支出”账户，损益类账户（费用类）。核算企业发生的与经营活动无关的支出数额。借方登记发生的营业外支出数额，贷方登记期末转入“本年利润”账户核算盈亏的营业外支出数额。期末无余额。

“其他应收款”账户。资产类账户。核算企业应收回的各类应收、暂付的零星款项。借方登记发生的应收、暂付款项，贷方登记实际收回的应收、暂付款项。期末余额在借方，反映企业应收未收的款项数额。该账户按债权项目或负债单位（个人）设置明细账户，进行明细分类核算。

“其他应付款”账户，负债类账户。核算企业应支付、偿还的各类应付、暂收的零星款项。贷方登记发生的应付、暂收款项，借方登记实际支付的应付、暂收款项。期末余额在贷方，反映企业应付未付的款项数额。该账户按负债项目或债权单位（个人）设置明细账户，进行明细分类核算。

“所得税费用”账户，损益类账户（费用类）。核算企业交纳的所得税数额账户。借方登记交纳的所得税数额，贷方登记期末转入“本年利润”账户核算盈亏的所得税费用数额。期末无余额。

所得税的计算公式为：

$$应纳所得税额 = 应纳税所得额 \times 所得税税率$$

所得税是按企业经营所得一定比例计算交纳的税金。应纳税所得额与企业会计计算的利润总额在范围上不同。确定应纳税所得额时，企业的违规罚款支出不能扣除。一般情况下，应纳税所得额大于企业的利润总额。

核算实例：

【例 36】 根据规定，月末按工资总额一定比例提取工会经费 3000 元。

企业需要按照制度规定提取工会经费，用于工会活动及相关支出。这项支出，是以企业为整体发生的费用，登记在“管理费用”账户的借方；企业负债同时增加，登记在“其他应付款”账户贷方。

借：管理费用 3000

贷：其他应付款—工会经费 3000

【例37】根据规定，月末按工资总额一定比例提取职工教育费2250元。

企业需要按照制度规定提取职工教育费，用于员工进修、培训及相关支出。这项支出，同样是以企业为整体发生的费用，登记在“管理费用”账户的借方；企业负债增加，登记在“其他应付款”账户贷方。

借：管理费用 2250

贷：其他应付款—职工教育费 2250

【例38】出售多余甲材料，取得收入2000元，增值税340元，款项存入银行。

这项经济业务，企业银行存款增加，登记在“银行存款”借方；该收入属于其他经营活动，所以收入登记在“其他业务收入”的贷方；增值税销项税额增加，登记在“应交税费”账户的贷方。

借：银行存款 2340

贷：其他业务收入 2000

应交税费—增值税（销项税额） 340

【例39】结算出售甲材料的采购成本1600元。

这项经济业务发生，一方面其他业务支出增加，登记在“其他业务成本”账户的借方；另一方面仓库材料减少，登记在“原材料”账户的贷方。

借：其他业务成本 1600

贷：原材料—甲材料 1600

【例40】没收红光公司到期未退包装物的押金1000元。

这项经济业务，使企业原来收取押金时登记在负债账户“其他应付款”减少，登记在该账户的借方；此项收入与企业经营活动无关，登记在“营业外收入”的贷方。

借：其他应付款—红光公司 1000

贷：营业外收入 1000

【例41】以银行存款支付环保部门罚款3000元。

罚款支出属于与经营无关的支出，登记在“营业外支出”的借方；银行存款减少，登记在该账户的贷方。

借：营业外支出 3000

贷：银行存款 3000

【例42】支付银行结算手续费553元。款项从银行账户抵扣。

这项经济业务，应登记“财务费用”账户和“银行存款”账户。

借：财务费用 553

贷：银行存款 553

【例 43】厂部王明出差预借差旅费现金 2000 元。

这项经济业务，企业除货款外的债权增加，登记在“其他应收款”借方，同时现金减少，登记在“库存现金”的贷方。

借：其他应收款—王明 2000

贷：库存现金 2000

【例 44】王明出差归来，报销差旅费 1700 元，退回现金 300 元，结清借款。

这项经济业务，费用增加，登记在“管理费用”借方；退回现金，登记在“库存现金”借方；结清借款，企业债权减少 2000 元，登记在“其他应收款”贷方。

借：管理费用 1700

库存现金 300

贷：其他应收款—王明 2000

【例 45】以银行存款支付办公楼装修费 4000 元，因数额较大，本月负担 1000 元。

这项经济业务，也是应用权责发生制原理进行核算。固定资产装修工作虽然在本月发生，但为了避免装修月份费用数额增加很多，造成利润波动，会计人员根据企业费用承受能力，装修费可以分几个月份负担。同样，为了反映这项支出的全貌，在支付款项时编制一个分录，各个月份负担时编制相应会计分录。未计入费用账户之前，可当作预付款看待。因此这项经济业务涉及“预付账款”“银行存款”账户和“管理费用”账户。

2007 年 1 月 1 日起执行的《企业会计准则》，生产用固定资产的维修费按管理费用处理。

支付装修费时：

借：预付账款—办公楼装修费 4000

贷：银行存款 4000

本月负担时：

借：管理费用 1000

贷：预付账款—办公楼装修费 1000

【例 46】本月企业收入账户发生额如下：主营业务收入 140000 元，其他业务收入 2000 元，营业外收入 1000 元，月末结转收入账户。

月末需要将各个收入账户发生额转入“本年利润”账户的贷方，核算企业的盈亏。各收入账户此时的方向是借方。

借：主营业务收入　　140000
　　其他业务收入　　2000
　　营业外收入　　1000
　　贷：本年利润　　143000

【例47】 本月企业各个费用、支出账户发生额如下：主营业务成本69500元，其他业务成本1600元，营业税金及附加340元，销售费用3000元，管理费用47450元，财务费用853元，营业外支出3000元，月末结转费用账户。

月末需要将各个费用账户发生额转入"本年利润"账户的借方，核算企业的盈亏。各费用账户此时的方向是贷方。

借：本年利润　　125743
　　贷：主营业务成本　　69500
　　　　其他业务成本　　1600
　　　　营业税金及附加　　340
　　　　销售费用　　3000
　　　　管理费用　　47450
　　　　财务费用　　853
　　　　营业外支出　　3000

【例48】 结算应交所得税5000元。

企业费用增加5000元，登记在"所得税费用"借方；负债增加5000元，登记在"应交税费"贷方。

借：所得税费用　　5000
　　贷：应交税费—应交所得税　　5000

【例49】 月末结转所得税费用5000元。

将"所得税费用"账户发生额转入"本年利润"账户的借方，核算企业的盈亏。"所得税费用"账户此时的方向是贷方。

借：本年利润　　5000
　　贷：所得税费用　　5000

【例50】 以银行存款支付工会活动经费800元。

这项经济业务，支付工会活动支出，登记在"其他应付款"账户的借方和"银行存款"账户的贷方。

借：其他应付款—工会经费　　800
　　贷：银行存款　　800

为明确本年利润账户的结构及登记内容，可以通过丁字账形式进行反映，如图3-4所示。

借方　　　　本年利润	贷方
（或）期初余额：累计亏损额	期初余额：累计实现净利润
月末转入的成本、费用、支出数额	月末转入的收入数额
如：	如：
主营业务成本	主营业务收入
其他业务成本	其他业务收入
营业税金及附加	营业外收入
销售费用	
管理费用	
财务费用	
营业外支出	
所得税费用	
本期费用成本支出合计：	本期收入合计：
（或）期末余额：累计亏损额	期末余额：累计实现净利润

图 3－4　本年利润账户结构

3.3.5.2　利润分配的核算

企业盈利，在交纳所得税后，需要对净利润进行分配使用。一部分通过红利形式分配给投资者，作为投资者的收益；一部分以公积金的形式留归企业，作为企业扩大再生产、提高企业集体福利的资金；一部分以未分配形式保留在账面上，作为企业抵御经营风险的资金。

净利润的分配程序是：

弥补以前年度亏损；

提取盈余公积金；

向投资者分配利润。

账户设置：

“利润分配”账户，所有者权益类账户。核算企业净利润的分配情况账户。借方登记利润的分配数额，如提取盈余公积金、向投资者分配利润等。贷方登记年末从“本年利润”账户转入的本年实现的净利润。期末余额在贷方或借方，反映企业未分配的利润或未弥补的亏损。

“盈余公积”账户，所有者权益类账户。核算企业从税后利润中提取的公积金。贷方登记提取的盈余公积金数额，借方登记用盈余公积金弥补亏损或转增资本金数额。期末余额在贷方，反映盈余公积金的结存数额。

“应付股利”账户，负债类账户。核算经批准应向投资者支付的现金股利或利润账户。贷方登记企业应支付的股利数额，借方登记实际支付的股利数额。期末余额在贷方，反映尚未支付的股利数额。

核算实例：

【**例 51**】按规定提取盈余公积金 1222 元。

净利润作为盈余公积金，登记在“利润分配”账户的借方和“盈余公积”的贷方。

借：利润分配　　1222

　　贷：盈余公积　　1222

【**例 52**】研究决定向投资者分配利润 350000 元。

净利润作为股利分配给投资者，登记在“利润分配”账户的借方和“应付股利”的贷方。

借：利润分配　　350000

　　贷：应付股利　　350000

【**例 53**】年末结转本年利润账户贷方余额 12257 元。

这项经济业务，是将企业实现的净利润进行转账，登记在“本年利润”账户的借方和“利润分配”账户的贷方。

借：本年利润　　12257

　　贷：利润分配　　12257

下 篇

会计操作：从凭证、账簿到财务报告

凭证、账簿、财务报告，属于会计操作构成内容，三个方面是会计工作的三个程序和三个工作过程。同样，三个方面既相互独立又相互依赖，关系密切。会计工作是系统性、逻辑性、程序化极强的经济管理活动，在各操作阶段，都依赖于上一个程序工作的准确无误。任何环节有瑕疵，就会使会计操作功亏一篑。

会计操作中的凭证、账簿、财务报告，都是对各会计主体经济业务的记录和反映，但角度不同，提供的信息差别很大。各个环节的工作成果，具有不同的作用和用途。填制和审核凭证、登记账簿、编制财务会计报告称为会计核算的主要环节。

会计凭证，主要分为原始凭证和记账凭证两大类。会计凭证是记录经济业务，明确经济责任的各类票据，是反映经济业务发生和完成的书面证明。会计凭证种类繁多，取得渠道复杂，需要财会人员进行甄别，符合规定的票据才能作为记账的依据。凭证杂乱无章，一项经济业务就会有一张或多张原始凭证，经过审核无误，需要填制记账凭证，记账凭证的填制过程就是编制会计分录工作，是将原始凭证记载的经济业务，加工成具有会计专业特点的信息。

会计凭证提供的信息没有条理，过于具体，查询某一方面情况的数据很困难。根据会计凭证所记载的经济业务内容，序时、分类登记在账簿中，这样就进入到会计核算的下一个环节——登记账簿。账簿提供的信息系统、全面，有条理，便于查询数据，账簿资料易于保管。序时，是根据经济业务的先后顺序，在账簿中逐日逐笔进行登记，反映随着时间推移，会计要素某一方面的变化情况；分类，是按照总账户、明细账户的要求，根据会计凭证，在相应账簿中进行概括登记或详细登记，提供概括信息或详细信息。

账簿提供的会计信息具有局限性，概括程度不够。将企业一定时期的会计信息提供给工商、税务、投资者、债权人，以及公司或企业的管理层，需要通过财务报告来实现。财务报告是根据账簿资料编制的，反映会计主体财务状况、经营成果和现金流量的概括会计信息。财务报告是了解会计主体经营状态的主要途径，是会计核算的最后一个环节。财务报告工作具体体现在编制会计报表。财务报告主要表达方式是财务报表。财务报表编制完成，表明一个阶段的会计核算工作宣告结束。

4 会计操作起点——会计凭证

4.1 会计凭证的种类

4.1.1 什么是会计凭证

凭证，即会计凭证，是记录经济业务、明确经济责任的书面证明，是用来登记账簿的依据。

企业生产经营中发生任何一项经济业务，都需要取得或填制会计凭证。有些会计凭证是从企业内部或外部取得的，有些是会计人员填制的。会计凭证以书面的形式记载经济业务发生或完成情况。会计凭证反映经济业务的内容、数量、金额，并由单位及经手人盖章签字，明确经济业务的真实性、准确性及所承担的责任。会计凭证要经过严格的审核，审核无误的凭证，才能作为登记账簿的依据。

填制和审核凭证是会计核算的主要环节之一，是会计核算工作的起点。做好会计凭证的填制审核工作，是会计信息真实可靠的基础，是会计核算工作顺利进行的基本保证。会计凭证的填制和审核工作，对于完成会计任务，实现会计职能具有重要作用。会计凭证有以下作用：

可以反映经济业务的发生或完成情况。企业日常发生经济业务，无论是货币资金的收付，原材料的购入，还是产品完工入库，都需要取得或填制会计凭证，详细记录反映经济业务的内容，这样有利于保证会计记录的准确、真实，防止虚假和伪造。

可以加强对经济业务的监督和检查。通过对会计凭证的填制和审核，可以检查企业发生的经济业务是否符合国家的法律、法规、准则、制度等有关规定，有无违反财经纪律的内容，及时发现和纠正经济活动中存在的问题，充分发挥会计的监督作用，保证会计核算工作的顺利进行。

可以加强相关部门和人员的岗位责任制。会计核算中，需要明确相关部门、人员的责任。发生经济业务后，相关部门或人员都要履行一定手续，填制办理会计凭证，出现问题能够分清责任，促进日常会计核算工作的规范有序。

工业企业日常经济活动中，有各种类型的会计凭证。会计凭证按填制程序和用途不同，分为原始凭证和记账凭证两类，这是会计凭证的基本分类。

4.1.2 原始凭证及种类

原始凭证是经济业务发生时取得或填制的，用以证明经济业务发生或完成情况的原始资料，是登记账簿的原始依据。原始凭证是会计核算工作的原始资料和重要依据，是保证会计信息真实可靠的关键。原始凭证提供大量经济信息，是记录经济业务并具有法律效力的报告文件。因此，搞好原始凭证的填制和审核工作，是会计核算的基础工作。

不能证明经济业务是否完成的书面文件，不能作为原始凭证和登记账簿的依据，如购销合同、申购单据等。

原始凭证按来源不同，分为自制原始凭证和外来原始凭证。

自制原始凭证，是指本单位经办业务的部门或人员，在经济业务发生或完成时自行填制的，供本单位内部使用的原始凭证。自制原始凭证，按填制手续不同，分为一次凭证、累计凭证、汇总原始凭证和记账编制凭证。

4.1.2.1 一次凭证

一次凭证是指经济业务发生或完成后填制的，只反映一项，或同时反映若干项同类性质经济业务，填制手续一次完成的原始凭证。例如原材料验收入库后，由仓库保管人员填写的“收料单”；员工出差归来，填写的“差旅费报销单”，都是一次凭证。“收料单”见表4－1。

表4－1 收料单

收 料 单

供货单位：　　　　　　　　　　　　　　　　　凭证编号：

发票号码：　　　　　　年　　月　　日　　　　收料仓库：

类别	材料编号	名称规格	计量单位	数量		金额（元）			
				应收	实收	单价	买价	运杂费	合计

4.1.2.2 累计凭证

累计凭证是指在一定时期内连续记录若干项同类性质经济业务的原始凭证。累计凭证的填制手续不是一次完成，而是按照经济业务的陆续发生分别填制的，期末汇总完成。例如“限额领料单”就是典型的累计凭证。企业某种原材料消耗在一定时期制定限额，每次领用时，在“限额领料单”上逐行登记，并随时结算出领用量，期末确定消耗总量和金额。填制完成后，其中一份交给财会部门，作为会计核算的依据。“限额领料单”不仅能汇总记录多次相同类型经济业务，而且能反映原材料消耗的超支或节约数额。“限额领料单”见表4－2。

表4－2 限额领料单

限额领料单

年　月　　编　号：

领料单位：　名称规格：　计划产量：

单　价：　消耗定量：　领料限额：

月	日	请领		实发				
		数量	领料单位负责人	数量	累计	发料人	领料人	限额结余
累计实发金额（大写）				万	仟	佰	元	¥

4.1.2.3 汇总原始凭证

汇总原始凭证是指在会计核算中，为了简化会计工作程序，根据多张同类经济业务的原始凭证或会计核算资料定期汇总填制的原始凭证。这类原始凭证是对其他原始凭证即一次凭证进行汇总。一张汇总表中只能将同类经济业务进行汇总，不能将两类或两类以上经济业务填列在一张汇总表中。汇总原始凭证如“发出材料汇总表”“现金收入汇总表”“工资结算汇总表”等。“发出材料汇总表”见表4－3。

表4－3 发出材料汇总表

发出材料汇总表

年　月　日　　单位：

应借科目	应贷科目					发料合计
	明细科目				辅助材料	
	1－10日	11－20日	21－30日	小　计		
合　计						

4.1.2.4 记账编制凭证

在各种自制原始凭证中，一般都是以实际发生或完成的经济业务为依据，由经办人员填制或签章。而有些自制原始凭证是会计人员根据账面记录内容整理编制的。这种根据账簿记录填制的原始凭证，称为记账编制凭证。例如“制造费用分配表”、“固定资产折旧计算表”等。“制造费用分配表”见表4－4。

表4－4 制造费用分配表

制造费用分配表

年 月

应借科目		生产工时	分配率	分配金额
明细科目				
合 计				

外来原始凭证，是指企业与外部进行经济业务往来时，从外部单位取得的原始凭证。例如购买原材料时从供货单位取得的购货发票、交纳税费时从税务部门取得的缴款票据、支付行政管理部门按规定收取费用的收款收据、银行转来的结算凭证等。外来原始凭证一般都是一次凭证。企业取得的外来原始凭证，应当认真检查审核，发现存在问题及时与对方联系更换。不能将存在问题的原始凭证作为会计核算的依据。收款收据见表4－5。

表4－5 收款收据

收 款 收 据

年 月 日

付 款 单 位	收款方式
收 款 事 由	
金额（大写）	¥
备 注	

4.1.3 记账凭证及种类

记账凭证是由财会部门会计人员根据审核无误的原始凭证进行归类整理而填制的，用来确定会计分录，作为登记账簿直接依据的一种会计凭证。填制记账凭证的过程是将经济信息转化为会计信息的过程。

记账凭证与原始凭证有本质的不同：原始凭证是在经济业务发生或完成时，由经办单位或部门相关人员填制的，反映企业发生的经济业务情况，提供未进行任何会计加工的资料；记账凭证是企业财会部门会计人员根据审核后的原始凭证填制的，具有会计专业特点的凭证。原始凭证只是记录经济业务情况，绝大部分原始凭证是明细账的登记依据。记账凭证用于编制会计分录，是登记账簿的直接依据。实际工作中，原始凭证附在记账凭证后面，作为记账凭证附件。

记账凭证的种类：

记账凭证按适用会计主体不同，分为通用记账凭证和专用记账凭证：

（1）通用记账凭证。通用记账凭证是适用于任何经济业务编制会计分录的凭证。这类记账凭证一般在规模小，经济业务量不多的中、小型企业使用。通用记账凭证格式见表4-6。

表4-6 通用记账凭证

通用记账凭证

年　月　日　　　　第　号

摘　要	总账科目	明细科目	借方金额	贷方金额	记账符号
附原始凭证　张					

财务主管（签章）　记账（签章）　出纳（签章）　审核（签章）　制单（签章）

（2）专用记账凭证。专用记账凭证是对某一类经济业务编制会计分录的凭证。按记录的经济业务是否与货币资金收付有关，将专用记账凭证分为收款凭证、付款凭证和转账凭证。这类记账凭证一般在规模大、经济业务量多的大、中型企业使用。

收款凭证是会计人员根据货币资金增加业务而填制的记账凭证。收款凭证根据记录的货币资金不同，又分为库存现金收款凭证和银行存款收款凭证。这类记账凭证的借方只能是库存现金或银行存款。

付款凭证是根据货币资金减少业务而填制的记账凭证。同样，付款凭证分为库存现金付款凭证和银行存款付款凭证。这类记账凭证的贷方只能是库存现金或银行存款。

转账凭证是用来记录除货币资金收付外的其他业务填制的记账凭证。这类记账凭证的借方、贷方是除库存现金和银行存款之外的任何账户。转账凭证的格式与通用记账凭证的格式相类似。

对于特殊的经济业务，例如将现金存入银行或从银行提取现金等货币资金之间的划转业务，按规定只填制一张付款凭证，以避免重复记账。将现金存入银行，应填制库存现金付款凭证；从银行提取现金，应填制银行存款付款凭证。实际工作中，为了便于识别三类会计凭证，三种专用记账凭证印刷成不同颜色。收款凭证、付款凭证和转账凭证的格式见表4-7～表4-9。

表 4-7 收款凭证

收 款 凭 证

借方科目　　　　　　　　年　　月　　日　　　　　　　　收字第　　号

摘　要	贷方总科目	明细科目	金　额	记账符号
附原始凭证　　张		合　计		

财务主管（签章）　　记账（签章）　　出纳（签章）　　审核（签章）　　制单（签章）

表 4-8 付款凭证

付 款 凭 证

贷方科目　　　　　　　　年　　月　　日　　　　　　　　付字第　　号

摘　要	借方总科目	明细科目	金　额	记账符号
附原始凭证　　张		合　计		

财务主管（签章）　　记账（签章）　　出纳（签章）　　审核（签章）　　制单（签章）

表 4-9 转账凭证

转 账 凭 证

年　　月　　日　　　　　　　　转字第　　号

摘　要	总账科目	明细科目	借方金额	贷方金额	记账符号
附原始凭证　　张		合　计			

财务主管（签章）　　记账（签章）　　审核（签章）　　制单（签章）

记账凭证按所列会计科目是否单一，分为复式记账凭证和单式记账凭证：

(1) 复式记账凭证是将某项经济业务所涉及的全部会计科目填写在一张记账凭证上。复式记账凭证就是根据复式记账法填制的记账凭证。这种类型的记账凭证账户对应关系清晰，便于了解经济业务的全貌，便于核对账目，同时减少了填制记账凭证的工作量。但复式记账凭证不便于对会计科目的汇总及会计核算的分工。实际工作中采用这类记账凭证。

（2）单式记账凭证是将某项经济业务涉及的会计科目，分别填制记账凭证，每张记账凭证上只填列一个会计科目。单式记账凭证便于对发生额进行汇总。但是填制会计凭证的工作量大，出现差错不容易查找。

记账凭证按照是否经过汇总，分为汇总记账凭证和非汇总记账凭证：

（1）汇总记账凭证。汇总记账凭证是按照一定要求汇总填制的记账凭证。按汇总范围不同，分为分类汇总记账凭证和全部汇总记账凭证。

分类汇总记账凭证是按照某一类别汇总填制的记账凭证。例如根据银行存款收款凭证汇总填制的记账凭证，属于分类汇总记账凭证。全部汇总记账凭证是根据一定期间的记账凭证全部进行汇总填制的记账凭证。例如复式记账试算平衡表中的发生额平衡，可以单独列表进行汇总，一般称为科目汇总表，是对本月发生所有经济业务进行汇总填制的，属于全部汇总记账凭证。

（2）非汇总记账凭证。非汇总记账凭证是没有经过任何汇总，根据发生经济业务的原始凭证填制的记账凭证。通用记账凭证、收款凭证、付款凭证、转账凭证都是非汇总记账凭证。

4.2 会计凭证的填制

4.2.1 原始凭证的填制与审核

企业日常发生的经济业务有各种类型，取得的原始凭证内容和格式多种多样。不过，原始凭证都必须具备说明经济业务发生或完成情况的功能，以及明确相关单位和责任人等要素。原始凭证一般包括以下基本内容：

（1）原始凭证的名称。例如购货发票、收款收据、领料单、收料单等。原始凭证的名称能反映出经济业务的类型及内容。

（2）原始凭证的填制日期和编号。填制日期一般是经济业务发生或完成的时间。经济业务发生后，应当及时填制原始凭证，并对凭证进行编号，以便查验核对。因故未能及时填制原始凭证的，应当以实际填制日期为准。

（3）填制和接受原始凭证企业名称及经办人姓名。任何经济业务的发生，都是由交易双方来完成的。因此在原始凭证上，将交易双方名称登记清楚，以便明确各自的责任。

（4）经济业务内容。经济业务内容通过原始凭证的摘要栏或原始凭证名称反映出来。例如领料单本身就反映出经济业务的内容。

（5）经济业务的数量、单价和金额。这是原始凭证的核心内容，是经济业务的具体情况，是编制记账凭证和登记账簿的依据。数据资料要字迹清晰计算准确。

原始凭证是具有法律效力的书面证明，在填制时要按照原始凭证基本内容，按规定方法进行填写，履行签章程序，明确经济责任。

原始凭证的填制有三种形式：一种是经办人员直接填写，如“收料单”“领料单”等；另一种是由会计人员根据账簿记录填写，如各种记账编制凭证；再有是根据若干张同类经济业务的一次凭证填写，如汇总原始凭证。填制原始凭证时要遵循以下要求：

（1）内容真实。填写原始凭证，所登记的内容要同实际情况一致，涉及的实物数量需要进行检查验收，金额认真计算核对，确保所反映的经济业务符合实际情况，避免凭证记录与实际情况相互矛盾。

（2）项目齐全。原始凭证规定的项目，需要逐项填写，不能随意增加或减少填写的项目。不按照规定填写的凭证就是无效凭证，不能作为记账的依据。经办人员和有关部门的负责人都要在凭证上签字，对凭证的真实性、正确性负责。

（3）书写规范。数字的书写按照规范进行，大小写要一致。凭证上的文字要求字迹工整、清晰规范，容易辨认。数字要逐个填写，不能连写，小写金额前要加注货币单位符号，如￥、HK $、US $等。大写金额有“分”的，后面不写“整”，其余情况下都需要在后面加“整”字。大写金额前要加注币值单位“人民币”“美元”“港币”等字样，币值单位与数字之间，以及各数字之间不能有空隙。出现错误尤其是金额错误，不能随意涂改、挖补，需要按照规定方法进行更正或退回更换。重要的原始凭证，如银行支票及各种结算凭证，出现错误不能涂改，加盖“作废”戳记，单独保管，定期销毁。

汉字大写数字壹、贰、叁、肆、伍、陆、柒、捌、玖、拾、佰、仟、万、亿、元、角、分、零、整，需要用正楷或行书书写，不能自造简化字。

（4）填制及时。原始凭证在经济业务发生或完成时及时填写，便于及时反映经济业务情况，使会计核算顺利进行。原始凭证不能根据预计的结果填写，也不能无故拖延时间不填制，造成经济业务内容、数量的模糊和遗忘。

原始凭证取得或填制后，要及时送交财会部门，会计人员对原始凭证进行审核和核对。审核原始凭证是保证会计核算资料真实可靠的重要措施，是发挥会计监督作用的重要手段。原始凭证的审核包括以下内容：

（1）真实性审核。真实性审核包括凭证日期、业务内容、数据是否真实等。外来原始凭证，必须有填制单位和填制人的签章；自制原始凭证，要有经办部门和经办人员的签章。

（2）合法性审核。合法性审核包括原始凭证所记录的经济业务是否违反国家法律法规、财务制度和计划的规定，是否符合成本列支范围，标准是否按规范执行，是否存在弄虚作假、贪污舞弊、虚报冒领、伪造涂改等凭证行为。

（3）完整性审核。完整性审核包括原始凭证是否具备合法凭证所必需的基本内容，项目是否齐全，金额的大小写是否相符，经办人员是否签章，需要履行签字审批手续的是否经过主管人员审核批准等。

（4）准确性审核。准确性审核包括原始凭证的金额计算是否正确，数字填写及大小写有无错误。发现问题要及时处理，不能自行更改。

会计所具有的监督作用主要体现在原始凭证的审核上。通过原始凭证的审核，确保会计核算的起点真实、合理、合法。对于审核无误的原始凭证，可以作为填制记账凭证和登记账簿的依据。对那些项目填写不完整，填写有错误的原始凭证，应当退给经办人员补充完整或负责更换。对于虚假、违法的原始凭证，会计人员不予受理，并向单位负责人反映情况。

4.2.2 记账凭证的填制与审核

记账凭证有多种形式，但作为编制会计分录和进行款项收付、登记账簿直接依据的记账凭证，一般包括以下基本内容：

（1）记账凭证的名称。如小微企业使用的通用记账凭证，大、中型企业使用的收款凭证、付款凭证、转账凭证等。发生额平衡表在实际工作中称为“科目汇总表”或“记账凭证汇总表”，也属于记账凭证。判断一张票据属于原始凭证还是记账凭证，主要的依据是凭证上有无记账符号“借”“贷”。没有记账符号的是原始凭证，即单据或票据，有记账符号的是记账凭证。

（2）填制日期及编号。填制日期指填写记账凭证的时间。记账凭证的填制日期与所依据的原始凭证时间有两种情况：一个是原始凭证时间与记账凭证时间相同；另一个是原始凭证时间在前，记账凭证的时间在后。审核无误的原始凭证应当及时填制记账凭证，尤其是涉及货币资金收付的原始凭证，及时填制记账凭证及时登记账簿。记账凭证按月按顺序进行编号。

（3）经济业务内容摘要。记账凭证是对原始凭证记录经济业务的处理，因此，只需要对经济业务用简明、扼要的文字进行说明。

（4）会计科目、记账方向及金额。这是记账凭证的核心内容，就是编制会计分录。将经济信息加工成具有会计专业特点的记录形式。

（5）所附原始凭证的张数。记账凭证根据哪几张原始凭证填写的，需要把原始凭证粘贴在记账凭证后面，并写明张数。张数使用大写壹、贰、叁……表示。

（6）相关人员的签名盖章。签章后，能落实相关人员的责任制，增强责任心，减少和避免记账过程中出现的差错。

记账凭证是根据审核无误的原始凭证填制的，是具有会计核算专业特点的会计信息加工过程。因此，填制记账凭证时，除了需要遵守填制原始凭证的要求外，还需要遵守以下填制要求：

（1）摘要简明扼要。为了便于通过摘要了解经济业务内容，便于查阅凭证和登记账簿，记账凭证的摘要栏要使用简练的文字对经济业务进行概括。

（2）业务记录明确。清晰反映经济业务的来龙去脉和账户对应关系，一张记账凭证上只能反映一项经济业务内容，或若干项同类经济业务。不能把不同类型经济业务填制在一张记账凭证上。

（3）科目运用准确。按照规定的会计科目，正确编制会计分录。不能随意更改或简化会计科目名称。记账凭证在填写时发生错误，不能涂改，需要重新填制。使用的记账凭证格式保持相对稳定，尤其在一个会计年度内不能随意更换。

（4）附件数量完整。除了期末转账和更正错账等个别记账凭证没有原始凭证外，其他记账凭证都需要根据原始凭证填制，都需要将原始凭证附在记账凭证后面。原始凭证要完整无缺、准确无误，并在记账凭证上注明所附原始凭证张数。如果出现多张记账凭证的依据是同一张原始凭证时，需要标注清楚，以便日后查阅。

（5）填写内容齐全。记账凭证项目要填写齐全。需要按规定程序办理签章手续的，不能简化。例如出纳员需要在收款凭证和付款凭证加盖“收讫”“付讫”印章，以避免重收重付。

（6）凭证顺序编号。记账凭证要按照类别或经济业务发生的顺序连续编号，以便核查。采用通用记账凭证的企业，可以按照经济业务发生的先后顺序进行编号。采用收款凭证、付款凭证、转账凭证等专用记账凭证的企业，可以按照凭证类别进行编号，称为类别编号法。或者将全部记账凭证进行编号，然后再按照类别进行编号，称为双重编号法。如果一项经济业务需要填制多张记账凭证，可采用分数编号法对记账凭证进行编号。例如在填写顺序号第 18 号经济业务时，需要填写两张记账凭证，可以将编号写成 $18\frac{1}{2}$、$18\frac{2}{2}$。每月月末最后一张记账凭证，需要在编号处加注“全”字，避免记账凭证的散失。记账凭证填写完毕，需要复核检查，发现问题及时解决。

记账凭证是登记账簿的直接依据。为了保证账簿记录的准确性，提高会计信息质量，在根据记账凭证登记账簿之前，需要对编制完成的记账凭证进行认真审核。记账凭证的审核主要有以下几个方面：

（1）内容是否相符。审核记账凭证是否附有原始凭证，张数是否与标注的相同；记账凭证所反映经济业务是否与所附原始凭证内容一致；记账凭证日期与原始凭证日期有无差错。日期有两种情况：一个是日期相同；另一个是原始凭证日期在前，记账凭证日期在后。

（2）项目是否齐全。审核记账凭证填写是否全面、完备；日期、凭证编号、二级与明细科目是否填写齐全。有无相关人员签章。

（3）分录是否正确。应借应贷会计科目是否正确，对应关系是否清晰；所使用的会计科目是否符合国家统一的会计制度规定。

（4）金额是否相等。审核记账凭证所记金额是否与所附原始凭证金额一致，计算是否正确；借方、贷方金额是否相等，总科目金额是否与所属明细科目金额之和相等。

记账凭证在审核中发现问题，应查明原因，重新填写。只有审核无误的记账凭证，才能作为登记账簿的依据。

下面介绍记账凭证的填制方法：

（1）专用记账凭证的填制方法

收款凭证的填制：

例如：收到光辉工厂还款3000元存入银行（银行进账单一张）。填写收款凭证，见表4－10。手工情况下无论填写凭证、账簿和会计报表，文字、数字的大小都应占表格高度的一半，并且有一定倾斜。占格高度一半是为了出现填写错误时进行更改。当然，会计凭证填写错误不能更改，原始凭证需要重新填写，审核原始凭证时发现错误需要退回更换。记账凭证填写错误，需要重新填写。报表的填制也一样。在登记账簿时发生错误，可以根据情况的不同，进行更正。另外，书写摘要时，文字要紧靠左侧竖线，不能留出空格，一般一行就足够。写摘要应当简明扼要。

表4－10　收款凭证

收　款　凭　证

借方科目：*银行存款*　　　　×年×月×日　　　　收字第×号

摘　要	贷方总科目	明细科目	金　额	记账符号
收到光辉工厂还款	*应收账款*	*光辉工厂*	*3000.00*	
附原始凭证　*壹*　张		合　计	*¥3000.00*	

财务主管（签章）　记账（签章）　出纳（签章）　审核（签章）　制单（签章）

付款凭证的填制：

例如：厂部购办公用品1200元，通过转账支票支付（购货发票、转账支票存根各一张），填制付款凭证见表4－11。

表 4－11　付款凭证

付　款　凭　证

贷方科目：*银行存款*　　　　×年×月×日　　　　付字第×号

摘　要	借方总科目	明细科目	金　额	记账符号
厂部购办公用品	*管理费用*	*办公费*	*1200.00*	
附原始凭证　*贰*　张		合　计	*¥1200.00*	

财务主管（签章）　　记账（签章）　　出纳（签章）　　审核（签章）　　制单（签章）

转账凭证的填制：

例如：生产 A 产品领用甲材料 2000 元，乙材料 3000 元（领料单一张），填制转账凭证见表 4－12。

表 4－12　转账凭证

转　账　凭　证

×年×月×日　　　　转字第×号

摘　要	总账科目	明细科目	借方金额	贷方金额	记账符号
生产A 产品领材料	*生产成本*	*A 产品*	*5000.00*		
	原材料	*甲材料*		*2000.00*	
		乙材料		*3000.00*	
附原始凭证　*壹*　张		合　计	*¥5000.00*	*¥5000.00*	

财务主管（签章）　　记账（签章）　　审核（签章）　　制单（签章）

可以看出，收款凭证的借方只有库存现金和银行存款两种可能，因此将借方科目设计在表格的外部。同样道理，付款凭证的贷方只有库存现金和银行存款两种可能，将贷方科目设计在表格的外部。

需要注意的是，填写记账凭证时，应当在空白的金额行位置划线占位，以防止篡改。填写记账凭证需要使用黑色或蓝黑色水性笔。改错、冲销记账内容等特殊情况下才使用红色。

（2）通用记账凭证的填制方法

通用记账凭证的格式与转账凭证格式相同，区别在于通用记账凭证可以登记所有经济业务，而转账凭证只登记不涉及货币资金增减的经济业务。

另外，为了能够填制以贷方作为汇总依据的“汇总转账凭证”，编制转账凭证时，贷方只能有一个账户，从而明确账户之间的对应关系。有些经济业务涉及的会计科目较多，所以有拆开编制会计分录的情况。

下面介绍通用记账凭证的填制方法：

例如：以银行存款交纳增值税5100元（税务缴款书记账联一张），填制通用记账凭证，见表4-13。

表4-13 通用记账凭证

通用记账凭证

×年×月×日　　　　第×号

摘　要	总账科目	明细科目	借方金额	贷方金额	记账符号
交纳增值税	*应交税费*	*增值税（已交增值税）*	*5100.00*		
	银行存款			*5100.00*	
附原始凭证　*壹*　张		合　计	¥*5100.00*	¥*5100.00*	

财务主管（签章）　记账（签章）　出纳（签章）　审核（签章）　制单（签章）

4.2.3 会计凭证的传递与保管

会计凭证的传递，是指会计凭证从取得、填制开始，到归档保管为止，在企业内部各有关部门及人员之间的传递程序和传递时间。只有合理组织会计凭证传递，才能及时掌握经济业务情况，提供会计信息，发挥会计监督作用。

由于企业的规模大小不同、生产经营组织形式不同，在企业管理方面要求也不相同。因此，在会计凭证的传递中，需要根据具体情况，设计每一种会计凭证的传递程序和传递方法。

合理组织会计凭证的传递，有以下作用：

（1）能够促进会计核算工作及时进行。从经济业务的发生到编制凭证和登记账簿，有一定的时间间隔，通过合理组织会计凭证的传递，使会计部门尽快了解经济业务发生和完成情况，及时记录经济业务，进行会计核算和监督。

（2）能够完善经济责任制度。会计核算是由若干责任人共同负责、分工完成的。通过会计凭证的传递，明确各阶段和步骤的责任，提高会计工作的质量和效率。

会计凭证的传递，包括合理的传递路线、传递时间以及传递过程中的签收制度。企业根据本身的特点、机构设置和人员的分工，设计会计凭证的联数和传递程序，能够保证会计凭证经过必要的环节进行处理和审核，同时避免在不必要的环节停留，使有关部门和人员及时了解企业生产经营的信息。

科学、合理的会计凭证传递程序，应该是会计凭证沿着最快捷、最合理的流向运行。

为保证会计凭证传递工作顺利进行，应当遵循以下原则：

（1）认真确定会计凭证传递路线。根据企业自身特点，认真确定会计凭证在各个环节的传递路线，避免不必要环节进行会计凭证的处理和审核，提高传递效率。

（2）合理安排会计凭证传递时间。充分考虑各部门及相关人员的工作内容和工作量，确定完成会计凭证工作需要的时间，从而分配各传递环节的停留时间，不能拖延和积压会计凭证，保证传递速度。传递会计凭证要在会计核算期及时完成，否则会影响会计核算的准确性和及时性。

（3）严格执行会计凭证的交接和签收制度。为了保证会计凭证传递各环节的顺利进行，需要建立会计凭证的交接和签收制度，指定专门人员办理交接手续，提高各部门及相关人员的责任心，保证会计凭证的安全和完整。严密的会计凭证的交接和签收制度，能够明确各个部门和相关人员之间的经济责任。

会计凭证在经过各环节的传递，并根据会计凭证登记账簿后，需要由会计部门整理、装订，归档保管。会计凭证是企业经济活动的历史记录，是重要的经济档案，需要妥善整理和保管，不能遗失或任意销毁。会计凭证保管要求有：

（1）定期整理装订。会计凭证登记账簿后，在检查记账凭证及其所附原始凭证完整无缺后，需要定期将记账凭证、原始凭证，按照编号顺序，连同凭证封面装订成册，便于日后查阅。

（2）查阅办理手续。会计凭证要由专人负责保管，年终决算完成后，移交财会档案，登记归档。查阅原始凭证应经过批准，办理手续。

（3）按要求期限销毁。会计凭证的保管期限一般为 15 年。在凭证的保管期限内，不能随意销毁。到期会计凭证按规定销毁时，需要列出清单，经过批准，由企业档案部门和会计部门共同执行销毁工作，并将销毁情况送报企业负责人。

4.3 制造业专用凭证填制实例

下面以制造业会计核算实例，介绍收款凭证、付款凭证和转账凭证的填制方法。

1

收 款 凭 证

借方科目：*银行存款*　　　　×年×月×日　　　　银收字第 *1* 号

摘 要	贷方总科目	明细科目	金 额	记账符号
收到投资货币资金	*实收资本*		*500000*	
合 计			¥*500000*	

财务主管（签章）　记账（签章）　出纳（签章）　审核（签章）　制单（签章）

2

转 账 凭 证

×年×月×日　　　　转字第 *1* 号

摘 要	总账科目	明细科目	借方金额	贷方金额	记账符号
收到投资设备	*固定资产*		*20000*		
	实收资本			*20000*	
附原始凭证 *略* 张		合 计	¥*20000*	¥*20000*	

财务主管（签章）　记账（签章）　审核（签章）　制单（签章）

3

收 款 凭 证

借方科目：*银行存款*　　　　×年×月×日　　　　银收字第 2 号

摘 要	贷方总科目	明细科目	金 额	记账符号
取得银行季度借款	*短期借款*		*60000*	
合 计			¥*60000*	

财务主管（签章）　记账（签章）　出纳（签章）　审核（签章）　制单（签章）

4

转 账 凭 证

×年×月×日 转字第2号

摘 要	总账科目	明细科目	借方金额	贷方金额	记账符号
结算借款利息	*财务费用*		*300*		
	应付利息			*300*	
附原始凭证 *略* 张		合 计	¥*300*	¥*300*	

财务主管（签章） 记账（签章） 审核（签章） 制单（签章）

5

付 款 凭 证

贷方科目：*银行存款* ×年×月×日 银付字第*1*号

摘 要	借方总科目	明细科目	金 额	记账符号
偿还季度借款本金及利息	*短期借款*		*60000*	
	应付利息		*900*	
合 计			¥*60900*	

财务主管（签章） 记账（签章） 出纳（签章） 审核（签章） 制单（签章）

6

付 款 凭 证

贷方科目：*银行存款* ×年×月×日 银付字第2号

摘 要	借方总科目	明细科目	金 额	记账符号
购入甲材料	*在途物资*	*甲材料*	*10000*	
	应交税费	*增值税（进项税额）*	*1700*	
合 计			¥*11700*	

财务主管（签章） 记账（签章） 出纳（签章） 审核（签章） 制单（签章）

7

付 款 凭 证

贷方科目：*库存现金*　　　　×年×月×日　　　　现付字第*1*号

摘　要	借方总科目	明细科目	金　额	记账符号
支付甲材料运费	*在途物资*	*甲材料*	*1000*	
合　计			*¥1000*	

财务主管（签章）　记账（签章）　出纳（签章）　审核（签章）　制单（签章）

8

转 账 凭 证

×年×月×日　　　　转字第*3*号

摘　要	总账科目	明细科目	借方金额	贷方金额	记账符号
结转验收甲材料成本	*原材料*	*甲材料*	*11000*		
	在途物资	*甲材料*		*11000*	
附原始凭证　*略*　张		合　计	*¥11000*	*¥11000*	

财务主管（签章）　记账（签章）　审核（签章）　制单（签章）

9

转 账 凭 证

×年×月×日　　　　转字第*4*号

摘　要	总账科目	明细科目	借方金额	贷方金额	记账符号
购入乙材料	*在途物资*	*乙材料*	*20000*		
	应交税费	*增值税（进项税额）*	*1700*		
	应付账款	*光明工厂*		*21700*	
附原始凭证　*略*　张		合　计	*¥21700*	*¥21700*	

财务主管（签章）　记账（签章）　审核（签章）　制单（签章）

10 **付 款 凭 证**

贷方科目：*银行存款* ×年×月×日 银付字第*3*号

摘 要	借方总科目	明细科目	金额	记账符号
偿还光明工厂货款	*应付账款*	*光明工厂*	*23400*	
合 计			*¥23400*	

财务主管（签章） 记账（签章） 出纳（签章） 审核（签章） 制单（签章）

11 **付 款 凭 证**

贷方科目：*银行存款* ×年×月×日 银付字第*4*号

摘 要	借方总科目	明细科目	金 额	记账符号
预交光辉工厂购货款	*预付账款*	*光辉工厂*	*40000*	
合 计			*¥40000*	

财务主管（签章） 记账（签章） 出纳（签章） 审核（签章） 制单（签章）

12 **转 账 凭 证**

×年×月×日 转字第*5*号

摘 要	总账科目	明细科目	借方金额	贷方金额	记账符号
收到预付款材料	*在途物资*	*丙材料*	*30000*		
	应交税费	*增值税（进项税额）*	*5100*		
	预付账款	*光辉工厂*		*35100*	
附原始凭证 *略* 张		合 计	*¥21700*	*¥21700*	

财务主管（签章） 记账（签章） 审核（签章） 制单（签章）

13 **付 款 凭 证**

贷方科目：*银行存款*　　　　×年×月×日　　　　银付字第5号

摘　要	借方总科目	明细科目	金　额	记账符号
购入甲、乙材料	*在途物资*	*甲材料*	*50000*	
		乙材料	*10000*	
	应交税费	*增值税（进项税额）*	*10200*	
合　计			¥*70200*	

财务主管（签章）　记账（签章）　出纳（签章）　审核（签章）　制单（签章）

14 **付 款 凭 证**

贷方科目：*银行存款*　　　　×年×月×日　　　　银付字第6号

摘　要	借方总科目	明细科目	金　额	记账符号
支付甲乙材料采购费	*在途物资*	*甲材料*	*6600*	
		乙材料	*2200*	
合　计			¥*8800*	

财务主管（签章）　记账（签章）　出纳（签章）　审核（签章）　制单（签章）

15 **转 账 凭 证**

×年×月×日　　　　转字第6号

摘　要	总账科目	明细科目	借方金额	贷方金额	记账符号
结转验收甲、乙材料成本	*原材料*	*甲材料*	*56600*		
		乙材料	*12200*		
	在途物资	*甲材料*		*56600*	
		乙材料		*12200*	
附原始凭证　*略*　张		合　计	¥*68800*	¥*68800*	

财务主管（签章）　记账（签章）　审核（签章）　制单（签章）

16

转 账 凭 证

×年×月×日 转字第7号

摘 要	总账科目	明细科目	借方金额	贷方金额	记账符号
生产A产品领材料	生产成本	A产品	80000		
	原材料	甲材料		35000	
		乙材料		45000	
附原始凭证 略 张		合 计	¥80000	¥80000	

财务主管（签章） 记账（签章） 审核（签章） 制单（签章）

17

转 账 凭 证

×年×月×日 转字第8号

摘 要	总账科目	明细科目	借方金额	贷方金额	记账符号
设备领用机物料	制造费用		1000		
	原材料	机物料		1000	
附原始凭证 略 张		合 计	¥1000	¥1000	

财务主管（签章） 记账（签章） 审核（签章） 制单（签章）

18

付 款 凭 证

贷方科目：银行存款 ×年×月×日 银付字第7号

摘 要	借方总科目	明细科目	金 额	记账符号
支付水电费	制造费用		17000	
	管理费用		1300	
合 计			¥18300	

财务主管（签章） 记账（签章） 出纳（签章） 审核（签章） 制单（签章）

19

转 账 凭 证

×年×月×日　　　　转字第9号

摘　要	总账科目	明细科目	借方金额	贷方金额	记账符号
提取固定资产折旧	*制造费用*		*10000*		
	管理费用		*4000*		
	累计折旧			*14000*	
附原始凭证 *略* 张		合　计	¥*1400*	¥*14000*	

财务主管（签章）　　记账（签章）　　审核（签章）　　制单（签章）

20

转 账 凭 证

×年×月×日　　　　转字第10号

摘　要	总账科目	明细科目	借方金额	贷方金额	记账符号
结算本月职工工资	*生产成本*	*A 产品*	*60000*		
		B 产品	*40000*		
	制造费用		*20000*		
	管理费用		*30000*		
	应付职工薪酬			*150000*	
附原始凭证 *略* 张		合　计	¥*150000*	¥*150000*	

财务主管（签章）　　记账（签章）　　审核（签章）　　制单（签章）

21

转 账 凭 证

×年×月×日 转字第 *11* 号

摘 要	总账科目	明细科目	借方金额	贷方金额	记账符号
结算本月职工工资	*生产成本*	*A 产品*	*8400*		
		B 产品	*5600*		
	制造费用		*2800*		
	管理费用		*4200*		
	应付职工薪酬			*21000*	
附原始凭证 *略* 张		合 计	¥*21000*	¥*21000*	

财务主管（签章） 记账（签章） 审核（签章） 制单（签章）

22

付 款 凭 证

贷方科目：*银行存款* ×年×月×日 银付字第 *8* 号

摘 要	借方总科目	明细科目	金 额	记账符号
支付职工工资	*应付职工薪酬*		*150000*	
合 计			¥*150000*	

财务主管（签章） 记账（签章） 出纳（签章） 审核（签章） 制单（签章）

23

付 款 凭 证

贷方科目：*银行存款* ×年×月×日 银付字第 *9* 号

摘 要	借方总科目	明细科目	金 额	记账符号
支付生产设备租赁费	*预付账款*	*设备租赁费*	*3300*	
合 计			¥*3300*	

财务主管（签章） 记账（签章） 出纳（签章） 审核（签章） 制单（签章）

24 付 款 凭 证

贷方科目：*银行存款*　　×年×月×日　　银付字第 *10* 号

摘　要	借方总科目	明细科目	金　额	记账符号
支付生产车间办公费	*制造费用*		*1000*	
合　计			¥*1000*	

财务主管（签章）　记账（签章）　出纳（签章）　审核（签章）　制单（签章）

25 转 账 凭 证

×年×月×日　　转字第 *12* 号

摘　要	总账科目	明细科目	借方金额	贷方金额	记账符号
结转制造费用	*生产成本*	*A 产品*	*31080*		
		B 产品	*20720*		
	制造费用			*51800*	
附原始凭证　略　张		合　计	¥*51800*	¥*51800*	

财务主管（签章）　记账（签章）　审核（签章）　制单（签章）

26 转 账 凭 证

×年×月×日　　转字第 *13* 号

摘　要	总账科目	明细科目	借方金额	贷方金额	记账符号
结转完工A 产品成本	*库存商品*	*A 产品*	*179480*		
	生产成本	*A 产品*		*179480*	
附原始凭证　略　张		合　计	¥*179480*	¥*179480*	

财务主管（签章）　记账（签章）　审核（签章）　制单（签章）

27 **收 款 凭 证**

借方科目：*银行存款* ×年×月×日 银收字第3号

摘 要	贷方总科目	明细科目	金 额	记账符号
出售A产品	*主营业务收入*	*A产品*	*40000*	
	应交税费	*增值税（销项税额）*	*6800*	
合 计			*¥46800*	

财务主管（签章） 记账（签章） 出纳（签章） 审核（签章） 制单（签章）

28（1） **转 账 凭 证**

×年×月×日 转字第*14*号

摘 要	总账科目	明细科目	借方金额	贷方金额	记账符号
出售B产品	*应收账款*	*红光公司*	*40000*		
	主营业务收入	*B产品*		*40000*	
附原始凭证 略 张		合 计	*¥40000*	*¥40000*	

财务主管（签章） 记账（签章） 审核（签章） 制单（签章）

28（2） **转 账 凭 证**

×年×月×日 转字第*15*号

摘 要	总账科目	明细科目	借方金额	贷方金额	记账符号
出售B产品	*应收账款*	*红光公司*	*6800*		
	应交税费	*增值税（销项税额）*		*6800*	
附原始凭证 略 张		合 计	*¥6800*	*¥6800*	

财务主管（签章） 记账（签章） 审核（签章） 制单（签章）

29 收 款 凭 证

借方科目：*银行存款*　　×年×月×日　　银收字第*4*号

摘 要	贷方总科目	明细科目	金 额	记账符号
收到红星公司预交购货款	*预收账款*	*红星公司*	*20000*	
合 计			¥*20000*	

财务主管（签章）　记账（签章）　出纳（签章）　审核（签章）　制单（签章）

30（1） 转 账 凭 证

×年×月×日　　转字第*16*号

摘 要	总账科目	明细科目	借方金额	贷方金额	记账符号
出售C产品	*预收账款*	*红星公司*	*10000*		
	主营业务收入	*C 产品*		*10000*	
附原始凭证 *略* 张		合 计	¥*10000*	¥*10000*	

财务主管（签章）　记账（签章）　审核（签章）　制单（签章）

30（2） 转 账 凭 证

×年×月×日　　转字第*17*号

摘 要	总账科目	明细科目	借方金额	贷方金额	记账符号
出售C产品	*预收账款*	*红星公司*	*1700*		
	应交税费	*增值税*		*1700*	
附原始凭证 *略* 张		合 计	¥*1700*	¥*1700*	

财务主管（签章）　记账（签章）　审核（签章）　制单（签章）

31（1） **付 款 凭 证**

贷方科目：*银行存款* ×年×月×日 银付字第*11*号

摘 要	借方总科目	明细科目	金 额	记账符号
支付广告费	*预付账款*	*广告费*	*12000*	
合 计			￥*12000*	

财务主管（签章） 记账（签章） 出纳（签章） 审核（签章） 制单（签章）

31（2） **转 账 凭 证**

×年×月×日 转字第*18*号

摘 要	总账科目	明细科目	借方金额	贷方金额	记账符号
分配本月广告费	*销售费用*		*3000*		
	预付账款	*广告费*		*3000*	
附原始凭证 *略* 张		合 计	￥*3000*	￥*3000*	

财务主管（签章） 记账（签章） 审核（签章） 制单（签章）

32 **转 账 凭 证**

×年×月×日 转字第*19*号

摘 要	总账科目	明细科目	借方金额	贷方金额	记账符号
结算城建税	*营业税金及附加*		*238*		
	应交税费	*城建税*		*238*	
附原始凭证 *略* 张		合 计	￥*238*	￥*238*	

财务主管（签章） 记账（签章） 审核（签章） 制单（签章）

33

转 账 凭 证

×年×月×日　　　　转字第20号

摘 要	总账科目	明细科目	借方金额	贷方金额	记账符号
结算教育费附加	营业税金及附加		102		
	应交税费	教育费附加		102	
附原始凭证 略 张		合 计	¥102	¥102	

财务主管（签章）　　记账（签章）　　审核（签章）　　制单（签章）

34（1）

转 账 凭 证

×年×月×日　　　　转字第21号

摘 要	总账科目	明细科目	借方金额	贷方金额	记账符号
结转售出A、B产品成本	主营业务成本	A产品	22000		
		B产品	42000		
	库存商品	A产品		22000	
		B产品		42000	
附原始凭证 略 张		合 计	¥64000	¥64000	

财务主管（签章）　　记账（签章）　　审核（签章）　　制单（签章）

34（2）

转 账 凭 证

×年×月×日　　　　转字第22号

摘 要	总账科目	明细科目	借方金额	贷方金额	记账符号
结转售出C产品成本	主营业务成本	C产品	5500		
	库存商品	C产品		5500	
附原始凭证 略 张		合 计	¥5500	¥5500	

财务主管（签章）　　记账（签章）　　审核（签章）　　制单（签章）

35

付 款 凭 证

贷方科目：*银行存款*　　　　×年×月×日　　　　银付字第 *12* 号

摘　要	借方总科目	明细科目	金　额	记账符号
交纳税费	*应交税费*	*增值税（已交增值税）*	*10000*	
		城建税	*700*	
		教育费附加	*300*	
合　计			*¥11000*	

财务主管（签章）　　记账（签章）　　出纳（签章）　　审核（签章）　　制单（签章）

36

转 账 凭 证

×年×月×日　　　　转字第 *23* 号

摘　要	总账科目	明细科目	借方金额	贷方金额	记账符号
提取工会经费	*管理费用*		*3000*		
	其他应付款	*工会经费*		*3000*	
附原始凭证　*略*　张		合　计	*¥3000*	*¥3000*	

财务主管（签章）　　记账（签章）　　审核（签章）　　制单（签章）

37

转 账 凭 证

×年×月×日　　　　转字第 *24* 号

摘　要	总账科目	明细科目	借方金额	贷方金额	记账符号
提取职工教育费	*管理费用*		*2250*		
	其他应付款	*职工教育费*		*225*	
附原始凭证　*略*　张		合　计	*¥2250*	*¥2250*	

财务主管（签章）　　记账（签章）　　审核（签章）　　制单（签章）

38

收 款 凭 证

借方科目：*银行存款* ×年×月×日 银收字第5号

摘 要	贷方总科目	明细科目	金 额	记账符号
出售甲材料	*其他业务收入*		*2000*	
	应交税费	*增值税（销项税额）*	*340*	
合 计			*¥2340*	

财务主管（签章） 记账（签章） 出纳（签章） 审核（签章） 制单（签章）

39

转 账 凭 证

×年×月×日 转字第25号

摘 要	总账科目	明细科目	借方金额	贷方金额	记账符号
结算售出甲材料成本	*其他业务成本*		*1600*		
	原材料	*甲材料*		*1600*	
附原始凭证 *略* 张		合 计	*¥1600*	*¥1600*	

财务主管（签章） 记账（签章） 审核（签章） 制单（签章）

40

转 账 凭 证

×年×月×日 转字第26号

摘 要	总账科目	明细科目	借方金额	贷方金额	记账符号
没收包装物押金	*其他应付款*	*红光公司*	*1000*		
	营业外收入			*1000*	
附原始凭证 *略* 张		合 计	*¥1000*	*¥1000*	

财务主管（签章） 记账（签章） 审核（签章） 制单（签章）

41 **付 款 凭 证**

贷方科目：*银行存款*　　×年×月×日　　银付字第 *13* 号

摘 要	借方总科目	明细科目	金 额	记账符号
支付环保部门罚款	*营业外支出*		*3000*	
合 计			*¥3000*	

财务主管（签章）　记账（签章）　出纳（签章）　审核（签章）　制单（签章）

42 **付 款 凭 证**

贷方科目：*银行存款*　　×年×月×日　　银付字第 *14* 号

摘 要	借方总科目	明细科目	金 额	记账符号
支付银行结算手续费	*财务费用*		*553*	
合 计			*¥553*	

财务主管（签章）　记账（签章）　出纳（签章）　审核（签章）　制单（签章）

43 **付 款 凭 证**

贷方科目：*库存现金*　　×年×月×日　　现付字第 2 号

摘 要	借方总科目	明细科目	金 额	记账符号
王明出差借款	*其他应收款*	*王明*	*2000*	
合 计			*¥2000*	

财务主管（签章）　记账（签章）　出纳（签章）　审核（签章）　制单（签章）

44（1） **收 款 凭 证**

借方科目：*库存现金* ×年×月×日 现收字第*1*号

摘 要	贷方总科目	明细科目	金 额	记账符号
王明报销差旅费	*其他应收款*	*王明*	*300*	
合 计			*¥300*	

财务主管（签章） 记账（签章） 出纳（签章） 审核（签章） 制单（签章）

44（2） **转 账 凭 证**

×年×月×日 转字第*27*号

摘 要	总账科目	明细科目	借方金额	贷方金额	记账符号
王明报销差旅费	*管理费用*		*1700*		
	其他应收款	*王明*		*1700*	
附原始凭证 *略* 张		合 计	*¥1700*	*¥1700*	

财务主管（签章） 记账（签章） 审核（签章） 制单（签章）

45（1） **付 款 凭 证**

贷方科目：*银行存款* ×年×月×日 银付字第*16*号

摘 要	借方总科目	明细科目	金 额	记账符号
支付办公楼装修费	*预付账款*	*办公楼装修费*	*4000*	
合 计			*¥4000*	

财务主管（签章） 记账（签章） 出纳（签章） 审核（签章） 制单（签章）

45（2）

转　账　凭　证

×年×月×日　　　　转字第28号

摘　要	总账科目	明细科目	借方金额	贷方金额	记账符号
分配办公楼装修费	管理费用		1000		
	预付账款	办公楼装修费		1000	
附原始凭证　略　张		合　计	¥1000	¥1000	

财务主管（签章）　　记账（签章）　　审核（签章）　　制单（签章）

46

转　账　凭　证

×年×月×日　　　　转字第29号

摘　要	总账科目	明细科目	借方金额	贷方金额	记账符号
结转本月收入	主营业务收入		140000		
	其他业务收入		2000		
	营业外收入		1000		
	本年利润			143000	
附原始凭证　略　张		合　计	¥143000	¥143000	

财务主管（签章）　　记账（签章）　　审核（签章）　　制单（签章）

47（1）

转　账　凭　证

×年×月×日　　　　转字第30号

摘　要	总账科目	明细科目	借方金额	贷方金额	记账符号
结转本月费用	本年利润		71474		
	主营业务成本			69500	
	其他业务成本			1600	
	营业税金及附加			340	
附原始凭证　略　张		合　计	¥71440	¥71440	

财务主管（签章）　　记账（签章）　　审核（签章）　　制单（签章）

47（2）

转 账 凭 证

×年×月×日　　　　转字第 *31* 号

摘　要	总账科目	明细科目	借方金额	贷方金额	记账符号
结转本月费用	*本年利润*		*51303*		
	销售费用			*3000*	
	管理费用			*47450*	
	财务费用			*853*	
附原始凭证　*略*　张		合　计	¥*51303*	¥*51303*	

财务主管（签章）　　记账（签章）　　审核（签章）　　制单（签章）

47（3）

转 账 凭 证

×年×月×日　　　　转字第 *32* 号

摘　要	总账科目	明细科目	借方金额	贷方金额	记账符号
结转本月费用	*本年利润*		*3000*		
	营业外支出			*3000*	
附原始凭证　*略*　张		合　计	¥*3000*	¥*3000*	

财务主管（签章）　　记账（签章）　　审核（签章）　　制单（签章）

48

转 账 凭 证

×年×月×日　　　　转字第 *33* 号

摘　要	总账科目	明细科目	借方金额	贷方金额	记账符号
结算应交所得税	*所得税费用*		*5000*		
	应交税费	*所得税*		*5000*	
附原始凭证　*略*　张		合　计	¥*5000*	¥*5000*	

财务主管（签章）　　记账（签章）　　审核（签章）　　制单（签章）

49

转 账 凭 证

×年×月×日　　　　转字第 *34* 号

摘 要	总账科目	明细科目	借方金额	贷方金额	记账符号
结转所得税费用	*本年利润*		*5000*		
	所得税费用			*5000*	
附原始凭证 *略* 张		合 计	¥*5000*	¥*5000*	

财务主管（签章）　　记账（签章）　　审核（签章）　　制单（签章）

50

付 款 凭 证

贷方科目：*银行存款*　　×年×月×日　　银付字第 *15* 号

摘 要	借方总科目	明细科目	金 额	记账符号
支付工会活动费	*其他应付款*	*工会经费*	*800*	
合 计			¥*800*	

财务主管（签章）　　记账（签章）　　出纳（签章）　　审核（签章）　　制单（签章）

51

转 账 凭 证

×年×月×日　　　　转字第 *35* 号

摘 要	总账科目	明细科目	借方金额	贷方金额	记账符号
提取盈余公积金	*利润分配*		*1222*		
	盈余公积			*1222*	
附原始凭证 *略* 张		合 计	¥*1222*	¥*1222*	

财务主管（签章）　　记账（签章）　　审核（签章）　　制单（签章）

52

转 账 凭 证

×年×月×日　　　　转字第36号

摘要	总账科目	明细科目	借方金额	贷方金额	记账符号
结算应付投资者利润	*利润分配*		*350000*		
	应付股利			*350000*	
附原始凭证 *略* 张		合计	¥*350000*	¥*350000*	

财务主管（签章）　记账（签章）　审核（签章）　制单（签章）

53

转 账 凭 证

×年×月×日　　　　转字第37号

摘要	总账科目	明细科目	借方金额	贷方金额	记账符号
结转本年利润	*本年利润*		*12257*		
	利润分配			*12257*	
附原始凭证 *略* 张		合计	¥*12257*	¥*12257*	

财务主管（签章）　记账（签章）　审核（签章）　制单（签章）

5

会计信息载体——账簿

5.1 账簿的种类

5.1.1 什么是账簿

账簿是以会计凭证为依据，由具有专门格式、相互联系的账页组成，用以序时、分类记录经济业务的簿籍。设置和登记账簿是编制财务报告的基础，是会计核算的方法之一。

企业日常发生的经济业务，都必须取得和填制会计凭证。会计凭证虽然可以及时、准确记录经济业务的具体内容，但是凭证数量繁多，缺乏系统性、条理性，不能将企业一定时期的经济业务全面、连续、系统地反映出来。为了便于了解某一时期企业全部经济活动情况，需要设置和登记账簿，取得经营管理所需要的各种会计信息，并为编制财务报告提供依据。

账簿连接了会计凭证与财务报告，是会计核算的中间环节。账簿的设置与登记，对于全面、系统、序时、分类反映各项经济业务，加强企业的经营管理水平，提高会计工作质量，具有重要意义。

设置和登记账簿是会计核算工作的重要环节，在企业经营管理中具有重要作用：

（1）为经营管理提供信息。通过账簿记录，能提供序时、分类的核算资料，反映会计要素在一定时期的增减变化情况及其结果。企业经营管理人员能够及时全面了解经营活动状况，考核和控制经济活动，合理使用经济资源，加强和改善经营管理。根据账簿提供的信息资料，同时可以确保企业各项财产物资的安全完整。

（2）为编制财务报告提供资料。会计凭证提供的信息，不能全面、系统反映经济业务的完成情况，不能作为财务报告的资料来源。账簿的设置与登记，将会计凭证提供的大量核算资料归类到各种账簿中，为财务报告提供完整、系统的信息。账簿是财务报告的资料来源和编制依据。账簿设置是否合理、数据是否真实可靠、登记是否准确及时，直接影响财务报告的编制工作。

（3）为会计检查提供依据。账簿记录可以提供各项资产、负债、所有者权益、成本和利润等经济指标，便于了解有关方针、政策、制度的贯彻情况，考核财务报告项目以及成本、利润计划的执行情况，分析企业的财务状况和经营成果，为企业管理层和工商、税务等行政管理部门监管会计工作和企业经营活动提供依据。

5.1.2 账簿的种类

为了满足经营管理活动的需要，充分发挥账簿的作用，在会计核算中需要设置各种类型的账簿。这些账簿的用途、形式、内容和登记方法各不相同。下面对企业设置的账簿从不同角度进行分类。

账簿按用途的不同，分为序时账簿、分类账簿和备查账簿。

序时账簿又称日记账。是按照经济业务发生时间的先后顺序，逐日逐笔连续进行登记的账簿。序时账簿按登记内容的不同，分为普通日记账和特种日记账。普通日记账是按照每天发生的经济业务先后顺序，逐项编制会计分录，然后登记在账簿中。普通日记账是登记全部经济业务发生情况的日记账。特种日记账是对某一特定类别经济业务，按时间先后顺序逐日逐笔登记的账簿。例如，为了加强企业货币资金的管理，单独设置库存现金日记账和银行存款日记账，专门提供库存现金和银行存款收付情况的详细资料。会计核算中的其他内容，一般不需要设置日记账。

分类账簿简称分类账。是对全部经济业务按照总分类账户和明细分类账户进行分类登记的账簿。分类账簿按照提供指标的详细程度，分为总分类账簿和明细分类账簿，简称总账和明细账。总账是按照总分类账户开设的，用于总括登记资产、负债、所有者权益、收入、费用、利润的全部经济业务的账簿，总账只能提供价值量指标。明细账是总账的补充，是按照总账户所属的明细账户开设，用于详细核算某一类经济业务的账簿。明细账能够提供价值量指标和实物量指标。

分类账簿能够提供各项资产、负债、所有者权益、收入、费用、利润的增减变动情况及其结果。分类账簿提供的会计信息是编制财务报告的主要依据。

分类账簿与序时账簿在会计核算中有不同的作用。序时账簿提供货币资金连续、系统的信息，能够反映资金运动的全貌。分类账簿归集、汇总各类信息，反映资金运动的各种状态。在账簿体系中，分类账簿占有重要地位。

备查账簿，又称辅助账簿。备查账簿是指对某些在序时账簿和分类账簿中未能登记反映的经济业务事项，或者记录不全面的经济业务事项进行补充登记的账簿。备查账簿具有备忘参考和补充信息的作用，与其他账簿没有依存关系。例如以经营租赁方式租入的固定资产设置的登记簿，受托加工材料登记簿、代销商品登记簿等。备查账簿不是每个企业都需要设置的，各企业根据经济业务的需要选择设置。

账簿按外表形式的不同，分为订本式账簿、活页式账簿和卡片式账簿。

订本式账簿是将具有专门格式、按照顺序编号的账页装订成册的账簿。这种账簿能够防止账页散失和被非法抽换，保证账簿记录的安全和完整。对于登记货币资金等重要内容的，以及具有总括功能的账簿一般采用订本式，例如库存现金日记账、银行存款日记账、总账等。订本式账簿需要预留账页，登记账簿时，只能由一人完成，不便于会计分工，也不能根据记账需要增减账页。

活页式账簿是将零散的账页根据需要组合成的账簿。这类账簿的账页可以根据需要进行增减或重新排列账页，使用灵活，便于会计人员的分工。不过账页容易散失或被抽换，因此，填写完成的账页应当及时编号，更换新账后要装订成册，妥善保管。实际工作中各种明细账采用活页式账簿形式。

卡片式账簿是由具有一定格式的零散卡片组成的账簿。这类账簿的优点与活页账相同，便于随时查阅和分类整理，但容易散失或抽换。卡片式账簿使用不是很广泛，个别企业的固定资产明细账采用卡片账形式。

账簿按表格形式的不同，分为三栏式账簿、多栏式账簿和数量金额式账簿。

三栏式账簿是指账页表格的主要栏目由借方、贷方和余额组成的账簿。这类账簿适用于总账、库存现金日记账、银行存款日记账以及反映企业债权、债务情况的明细账，见表 5－1。

表 5－1　银行存款日记账

银行存款日记账

年		凭证号数	摘要	对方科目	借　方	贷　方	余　额
月	日						

多栏式账簿是根据需要在借方、贷方设置若干专栏的账簿。这类账簿适用于费用、收入类等一些明细账。多栏式账簿可分为借方多栏式、贷方多栏式和借贷均为多栏式三类。见表5－2～表5－4。

表5－2 费用明细账

费用明细账

年		凭证号数	摘要	借方（项目）						贷方	余额
月	日								合计		

表5－3 收入明细账

收入明细账

年		凭证号数	摘要	借方	贷方（项目）					余额
月	日								合计	

表5－4 本年利润明细账

本年利润明细账

年		凭证号数	摘要	借方			贷方			借或贷	余额
月	日					合计			合计		

数量金额式账簿在收入、发出、结存三个栏目中设置数量、单价和金额栏，用以反映财产物资的数量和金额。这类账簿适用于原材料明细账和库存商品明细账，见表5－5。

表5-5 数量金额式明细账

数量金额式明细账

类　　别：　　　　　　　　　　　　　　　　　　编　　号：

品名或规格：　　　　　　　　　　　　　　　　　存放地点：

储 备 定 额：　　　　　　　　　　　　　　　　　计量单位：

年		凭证号数	摘　要	收　入			发　出			结　存		
月	日			数量	单价	金额	数量	单价	金额	数量	单价	金额

5.2 账簿的设置原则

5.2.1 账簿的设置原则

先介绍账簿的设置。账簿的设置，包括确定账簿的种类、登记内容和登记方法。企业应当根据自身经济业务特点和经营管理的需要设置账簿。设置账簿遵循下列原则：

（1）账簿设置应满足提供会计信息的要求。通过账簿记录，确保取得全面、系统、及时的会计核算资料，满足各方面了解企业财务状况和经营成果的需要，并为编制财务报告提供资料。

（2）账簿设置应科学严密。账簿之间要互相衔接，互相补充，互相制约，能清晰反映账簿之间的对应关系，既能反映全部经济业务内容，又要避免重复。

（3）账簿设置应考虑会计分工的需要。根据企业规模大小和业务繁简，在满足需要的前提下，合理配置会计人员，提高会计核算效率。企业规模大、业务复杂、会计人员多、分工较细的单位，设置的账簿可以多一些；业务简单、规模小、会计人员少的单位，账簿设置应当简化一些。

5.2.2 账簿的基本内容

由于账簿登记的经济业务内容不同，账簿格式多样。账簿一般包括以下基本内容：

（1）封面。封面需要注明账簿名称。如库存现金日记账、银行存款日记账、总分类账等。封面一般是纸板纸。

（2）扉页。扉页主要由科目索引和账簿经管人员一览表构成，一般将科目索引安排在账页的最前面，然后是账簿经管人员一览表，包括账簿的启用日期、会计主管和记账人员签章，以及会计人员更换交接时间等。

扉页格式见表5－6和表5－7。

表5－6 科目索引

科 目 索 引

页数	科目	页数	科目	页数	科目	页数	科目

表5－7 账簿经管人员一览表

账簿经管人员一览表

<table>
<tr><td colspan="2">单位名称</td><td colspan="5"></td><td colspan="2" rowspan="5">印 鉴</td></tr>
<tr><td colspan="2">账簿名称</td><td colspan="5"></td></tr>
<tr><td colspan="2">账簿编号</td><td colspan="5"></td></tr>
<tr><td colspan="2">账簿页数</td><td colspan="5">自第 页起至第 页止
共 页</td></tr>
<tr><td colspan="2">启用日期</td><td colspan="5">年 月 日</td></tr>
<tr><td rowspan="3">经管人员</td><td colspan="2">负责人</td><td colspan="2">会计主管</td><td colspan="2">复 核</td><td colspan="2">记 账</td></tr>
<tr><td>姓名</td><td>签章</td><td>姓名</td><td>签章</td><td>姓名</td><td>签章</td><td>姓名</td><td>签章</td></tr>
<tr><td></td><td></td><td></td><td></td><td></td><td></td><td></td><td></td></tr>
<tr><td rowspan="5">交接记录</td><td colspan="4">经管人员</td><td colspan="2">接 管</td><td colspan="2">交 出</td></tr>
<tr><td colspan="2">职 别</td><td colspan="2">姓 名</td><td>年 月 日</td><td>签章</td><td>年 月 日</td><td>签章</td></tr>
<tr><td></td><td></td><td></td><td></td><td></td><td></td><td></td><td></td></tr>
<tr><td></td><td></td><td></td><td></td><td></td><td></td><td></td><td></td></tr>
<tr><td></td><td></td><td></td><td></td><td></td><td></td><td></td><td></td></tr>
<tr><td>备注</td><td colspan="6"></td><td colspan="2"></td></tr>
</table>

（3）账页。账页是账簿中的主要部分，各种账页格式一般包括以下几个方面：账户名称，即会计科目；登记日期栏；凭证种类栏；凭证号数栏；摘要栏；借方金额、贷方金额、余额方向、余额栏；总页次和分户页次。

5.3 序时账簿的设置与登记

5.3.1 库存现金日记账的设置与登记

库存现金日记账是用来反映每天现金的增加、减少和余额情况的特种日记账。库存现金日记账设置成三栏式订本账。由于现金的收付每天很频繁，为了对账的方便，在摘要栏后设置对方科目栏。

库存现金日记账由出纳人员根据审核后的涉及库存现金变动的记账凭证，逐日逐笔顺序登记。借方栏根据现金收款凭证登记，贷方栏根据现金付款凭证登记。每日登记完毕后，分别计算借方和贷方合计数，并结算出账面余额。将库存现金日记账余额与库存现金实存额核对一致。库存现金日记账格式见表5－8。

表5－8 库存现金日记账（三栏式）

库存现金日记账（三栏式）

年		凭证号数	摘要	对方科目	借 方	贷 方	余 额
月	日						

5.3.2 银行存款日记账的设置与登记

银行存款日记账是用来反映每天银行存款的增加、减少和余额情况的特种日记账。银行存款日记账同样设置成三栏式订本账。通过银行存款日记账的设置与登记，可以加强对银行存款进行日常的监督和管理，便于与开户银行进行账项的核对。

银行存款日记账也是由出纳人员根据审核后的涉及银行存款变动的记账凭证，逐日逐笔顺序登记的。银行存款日记账借方栏根据银行存款收款凭证登记，贷方栏根据银行存款付款凭证登记。每日登记完毕后，分别计算借方和贷方合计数，并结算出账面余额，以利于检查监督银行存款的增减变化情况。月末，将银行存款日记账余额与开户银行对账单逐笔核对。

5.3.3 序时账簿的登记举例

下面以银行存款日记账为例，介绍序时账簿的登记。

以制造业专用记账凭证填制实例中，编制的银行存款收款凭证和付款凭证为例，介绍银行存款日记账的登记。期初余额假定为1000000元。登记方法见表5-9（本月合计及余额代表红字，该行上下应各划一条红线，表示一个月的结账工作结束）。

表5-9 银行存款日记账

银行存款日记账

年		凭证号数	摘 要	对方科目	借方	贷方	余额
							1000000
略		银收1	收到投资货币资金	实收资本	500000		1500000
		银收2	取得银行季度借款	短期借款	60000		1560000
		银付1	偿还季度借款本金、利息	短期借款、应付利息		60900	1499100
		银付2	购入甲材料	在途物资、应交税费		11700	1487400
		银付3	偿还光明工厂货款	应付账款		23400	1464000
		银付4	预交光辉工厂购货款	预付账款		40000	1424000
		银付5	购入甲、乙材料	在途物资、应交税费		70200	1353800
		银付6	支付甲、乙材料采购费	在途物资		8800	1345000
		银付7	支付水、电费	制造费用、管理费用		18300	1326700
		银付8	支付职工工资	应付职工薪酬		150000	1176700
		银付9	支付生产设备租赁费	预付账款		3300	1173400
		银付10	支付生产车间办公费	制造费用		1000	1172400
		银收3	出售产品	主营业务收入、应交税费	46800		1219200
		银收4	收到红星公司预交货款	预收账款	20000		1239200
		银付11	支付广告费	预付账款		12000	1227200
		银付12	交纳税费	应交税费		11000	1216200
		银收5	出售甲材料	其他业务收入、应交税费	2340		1218540
		银付13	支付环保部门罚款	营业外支出		3000	1215540
		银付14	支付银行结算手续费	财务费用		553	1214987
		银付15	支付工会活动费	其他应付款		800	1214187
		银付16	支付办公楼装修费	预付账款		4000	1210187
			本月合计及余额		629140	418953	1210187

5.4 分类账簿的设置与登记

5.4.1 总账的设置与登记

总账是按照总分类账户分类登记全部经济业务的账簿。总账设置成三栏式订本账。在总账中，按照会计科目的编码顺序在账页中进行登记，并为每个账户预留若干账页。由于总账能总括、全面地反映经济活动情况，并为编制财务报告提供数据资料，因此所有会计主体都需要设置总账。总账可以根据记账凭证逐笔登记，也可以根据汇总后的记账凭证进行登记。总账的格式见表 5－10。

表 5－10 总账

总 账

会计科目：

年		凭证号数	摘 要	借 方	贷 方	借或贷	余 额
月	日						

5.4.2 明细账的设置与登记

明细账是按照总科目所属明细科目设置，用以记录某一类经济业务详细核算资料的账簿。明细账对于反映和监督财产物资的收发和保管、往来款项的结算、收入的取得以及费用开支的构成情况等，起着重要作用。明细账是对总账内容的具体反映和补充。明细账内容根据记账凭证或所附原始凭证随时登记，月末结账。

明细账采用活页式账簿，账页格式根据经济业务内容和经济管理的要求，采用三栏式、多栏式或数量金额式。三栏式明细账格式见表 5－11。

表 5－11 明细账

明 细 账

二级或明细科目：

年		凭证号数	摘 要	借 方	贷 方	借或贷	余 额
月	日						

5.4.3 分类账的登记举例

根据制造业专用记账凭证填制实例，介绍原材料总账的登记（期初余额假定100000元），见表5-12。

表5-12 总账举例

总 账

会计科目：原材料

年		凭证号数	摘 要	借 方	贷 方	借或贷	余 额
月	日						
略						借	100000
		转字3	结转验收甲材料成本	11000			
		转字6	结转验收甲、乙材料成本	68800			
		转字7	生产A产品领材料		80000		
		转字8	设备领用机物料		1000		
		转字23	结算售出甲材料成本		1600		
			本月合计及余额	79800	82600	借	97200

5.5 账簿的启用规则与登记规则

5.5.1 账簿的启用规则

账簿从不同角度记录企业全部经济活动内容，是重要的会计档案。新的账簿在启用时，需要填写扉页的“账簿经管人员一览表”，并且加盖记账人员和负责人个人名章及单位公章，明确责任。账簿使用过程中，遇到会计人员的更换，要注明交接人员、交接时间及监交人员。另外，账簿按规定粘贴印花税票，交纳印花税。

5.5.2 账簿的登记规则

账簿根据审核后的会计凭证进行登记。登记账簿时，应当遵循以下规则：

（1）账簿项目、内容要根据会计凭证逐项登记入账，字迹清晰准确，登账及时。为了避免漏记或重复登记，在记账凭证的记账符号栏标注“√”，表示已经登记入账。

（2）账簿中书写的文字和数字要规范，并紧靠底线，并留有适当空位，一般占表格高度的二分之一，以方便发生错误的更正工作。

（3）账簿要逐页连续登记，不能跳行、隔页。如果发生这类错误，应将空行、空页划红字对角线注销，注明“此行空白”或“此页空白”，并由记账人员签章。

(4) 期末结算出余额后，应在“借或贷”栏内填写“借”或“贷”字样。没有余额的账户，填写“平”字，并在余额栏的“元”位置处用“0”表示。

(5) 账页的最后一行不登记具体经济业务内容，在摘要栏红字写出“转次页”，并将本页借方、贷方计算出合计数，确定余额。在下一页摘要栏红字写出“承前页”，抄写借方、贷方合计数及余额。

(6) 登记账簿要使用蓝黑或黑色墨水书写，不能使用圆珠笔或铅笔书写。下列情况可以使用红色墨水记账：更正错误的账簿记录时，需要冲销账簿记录时，会计制度规定的用红字登记的其他记录。

(7) 实行会计电算化企业，总账和各类明细账要定期打印，库存现金日记账和银行存款日记账要每天打印。

(8) 账簿记录发生笔误，不能随意涂改，要按照规定的方法进行更正。

5.5.3 错账的更正方法

在登记账簿过程中发生错误，以及审核中发现问题，要分清错误类型，使用一定方法进行更正。

5.5.3.1 划线更正法

划线更正法适用于记账凭证正确，只是在登记账簿时发生笔误的情况。错误形式是文字或金额方面发生的笔误。采用划线更正法，在错误的文字、数字上划一条红线，表示注销。在上方空白处书写正确的文字、数字。记账人员需要在更正处加盖名章，明确责任。需要注意的是，在数字错误的更正时，要将全部数字用一条红线划掉。

5.5.3.2 红字更正法

红字更正法适用于记账凭证中的会计科目或数字错误，并登记账簿的情况。数字错误，所记金额大于应记金额。更正会计科目错误时，首先用红字填制一张与错误凭证相同的记账凭证，在摘要栏注明“注销×年×月×日×号凭证”，并以红字登记入账。这样处理，将错误的凭证和账簿记录注销。然后填制正确记账凭证，在摘要栏注明“订正×年×月×日×号凭证”，并登记入账。

更正金额错误时，将多记金额用红字填制记账凭证，在摘要栏注明“冲销×年×月×日×号凭证”，并以红字登记入账。这样处理，将凭证和账簿记录的多记金额冲销。

【例1】收到红星公司预交购货款5000元存入银行。根据凭证已经登记入账。

记账凭证填写成：

借：银行存款　　5000

　　贷：预付账款—红星公司　　5000

显然会计科目出现错误，先用红字填制一张与错误凭证相同的记账凭证，并以红字登记入账。红字凭证如下（用框代表红字凭证）：

借：银行存款　　[5000]

　　贷：预付账款—红星公司　　[5000]

填制一张正确凭证，并登记账簿，错误更正结束。正确记账凭证如下：

借：银行存款　　5000

　　贷：预收账款—红星公司　　5000

【例2】以现金支付厂部办公费690元。根据凭证已经登记入账。

记账凭证填写成：

借：管理费用　　960

　　贷：库存现金　　960

所记金额大于应记金额。填制一张红字记账凭证，填写多记金额960－690＝270，并以红字登记入账。经过凭证和账簿的冲销，将错误之处更正完毕。红字凭证如下：

借：管理费用　　[270]

　　贷：库存现金　　[270]

5.5.3.3 补充登记法

补充登记法适用于记账凭证中的数字错误，并登记账簿的情况。数字错误，所记金额小于应记金额。

更正金额错误，将少记金额填制记账凭证，在摘要栏注明"补记×年×月×日×号凭证金额"，并登记入账。这样处理，将凭证和账簿记录的少记金额补充正确。

【例3】提取生产用固定资产折旧6000元。根据凭证已经登记入账。

记账凭证填写成：

借：制造费用　　600

　　贷：累计折旧　　600

所记金额小于应记金额。填制一张记账凭证，填写少记金额6000－600＝5400，并登记入账。经过凭证和账簿的补记，将错误之处更正完毕。更正凭证如下：

借：制造费用　　5400

　　贷：累计折旧　　5400

5.6 对账与结账

5.6.1 对账

对账是指账簿记录的核对工作。账簿记录根据有关会计凭证登记完成后，需要进行核对，及时发现更正记账过程中的错误，保证账簿记录准确无误，为编制财务报告提供数据资料。对账工作包括下列内容：

（1）账证核对。账证核对是指账簿记录与记账凭证及其所附原始凭证进行核对。与记账凭证核对，重点是涉及的账户、记账方向和金额方面；与原始凭证核对，重点是经济业务的真实性、合法性方面。账证核对主要是在记账环节中进行。

（2）账账核对。账账核对是指各种相关账簿之间内容的核对。主要包括：

总账记录的核对。总账各账户本期借方发生额合计与贷方发生额合计核对相等；总账各账户期末借方余额合计与贷方余额合计核对相等。

总账与所属明细账的核对。总账各账户的发生额与所属明细账的发生额合计数核对相等；总账各账户的期末余额与所属明细账的期末余额合计数核对相等。

总账与序时账簿的核对。总账的库存现金和银行存款账户发生额与库存现金日记账和银行存款日记账发生额核对相等；总账的库存现金和银行存款账户余额与库存现金日记账和银行存款日记账余额核对相等。

财会部门账簿与财产物资保管部门相关登记簿的核对。财会部门各种财产物资发生额、余额的账簿记录要与财产物资保管使用部门的登记簿记录核对相等。

（3）账实核对。账实核对是指对货币资金、实物资产和债权债务的账面余额与实存数额的核对。账实核对是通过财产清查来完成的。主要内容包括：

每天库存现金日记账余额与财会部门金库现金实际数额核对一致；

每月企业银行存款日记账余额与开户银行交来的对账单余额核对一致，核对银行存款通过编制“银行存款余额调节表”进行；

实物资产明细账余额与保管使用部门的实物资产结存数核对一致；

各种债权、债务明细账余额与债权、债务单位账面记录核对一致。

5.6.2 结账

结账是指将一定时期（月末、季末或年末）发生的经济业务全部登记入账，并确定发生额和余额的方法。账簿记录在核对无误的基础上才能进行结账工作。通过结账，取得各类经济活动情况和结果，为各方面提供所需的会计信息。

5.6.2.1 结账的内容

结账前，要将属于本期的经济业务全部登记入账。不能将未发生的经济业务提前登记入账，也不能将本期经济业务延至以后登记入账。

按照权责发生制原则，调整确定计入本期的收入、费用数额。

结转有关账户发生额。期末将需要结转账户的发生额进行结转，制造费用账户发生额需要分配转入生产成本账户；损益类账户发生额转入本年利润账户。

结算出各账户的发生额和期末余额。在全部经济业务登记入账，并进行试算平衡基础上，确定各账户的发生额和期末余额。

5.6.2.2 结账的方法

月结：每月结账时，在各账户本月登记的最后一行经济业务内容下面，划一条通栏红线，摘要栏红字填写“本月合计”或者“本月发生额及余额”，确定填写本期借方发生额、贷方发生额和月末余额，写出余额方向。最后在此行下面再划一条通栏红线，表示完成月结工作。

季结：在本季末最后一个月的“月结”红线下面，摘要栏红字填写“本季合计”或者“本季发生额及余额”，确定填写本季三个月的借方、贷方发生额合计和季末余额，写出余额方向。最后在此行下面再划一条通栏红线，表示完成季结工作。

年结：在第四季度季结的红线下面，摘要栏红字填写“本年合计”或者“本年发生额及余额”，确定填写本年度借方发生额、贷方发生额和年末余额，写出余额方向。年结行下面摘要栏红字写出“年初余额”，并在发生额位置填写出来具体数额。接着一行摘要栏红字写出“结转下年”，在发生额相应位置填写该账户年末余额。

在年结三行金额填写完成后，将三行借方、贷方计算合计数，合计金额应相等。并在摘要栏红字写出“合计”字样。最后在此行下面划两条通栏红线，表示完成年结工作。

5.7 财产清查

5.7.1 财产清查种类

财产清查，就是对账中的账实核对，是指通过对实物资产、库存现金的实地盘点，对银行存款、债权债务的核对，以确定各项财产物资、货币资金、债权债务的实存数，并查明实存数与账存数是否相符的一种专门方法。财产清查不仅是会计核算的一项重要方法，也是财产物资管理的一项重要制度，对企业生产经营进行科学有效管理发挥着重要作用。

企业财产物资包括库存现金、银行存款等货币资金；原材料、在产品、库存商品、固定资产等实物资产；各种应收、预付款项，应付、预收款项等结算资金，这些内容在企业生产经营中具有重要的作用。虽然通过会计核算的一系列方法，记录和反映了各项财产物资的增减变动及其结存情况，但只有账面记录还不能满足需要。因为企业在日常的生产经营过程中，会出现账簿记录与实际情况不相符合的现象。例如由于手续不全、制度不严密、工作疏忽造成的原材料、库存商品的收发计量差错；由于保管不善造成的实物资产的变质、毁损、丢失等情况；或者保管期限过长的自然损耗等。为保证账簿记录的准确无误，确保账实相符，需要进行财产清查工作。

财产清查作为会计核算的一种专门方法，在发挥会计职能，提高会计工作质量上有以下作用：

（1）能够保证会计核算资料的真实可靠。通过财产清查，可以确定各项财产物资的实存数，将实存数与账存数进行对比，查明实存数与账存数的差异，及时调整账面记录，使账面和实际情况相符合，保证会计核算资料的真实可靠。

（2）能够加强经济责任制，保证财产物资的安全完整。通过财产清查，可以掌握各项财产物资的动态，保管使用情况是否良好，是否有霉烂、变质、毁损丢失或被挤占挪用等情况，出现问题分清责任，查明情况，及时解决，保证财产物资的安全完整。

（3）能够挖掘财产物资潜力，提高使用效率。通过财产清查，可以了解财产物资的储备和利用情况，有无储备不足或积压情况，对于长期得不到利用的财产物资要采取措施，及时处理。合理占用资金，挖掘财产物资潜力，加速资金周转，提高使用效率。

（4）能够维护财经纪律，保证结算制度的贯彻执行。通过财产清查，可以查明企业在财经纪律和有关结算制度的执行情况，有无贪污、拖欠现象，有无不合理债权债务情况，是否认真执行结算制度的有关规定，及时发现问题和解决问题，维护财经纪律和商业信誉。

财产清查工作，可以从清查范围、清查时间、清查执行的单位不同进行分类。

5.7.1.1 按清查范围分类

财产清查，按清查范围的大小，分为全面清查和局部清查。

全面清查是指对实物资产、货币资金和债权债务进行全面的盘点和核对。全面清查范围广、内容多，需要清查人员多、工作量大。以下几种情况要进行全面清查：

年终决算前，需要进行全面清查，以保证年度财务报告的真实可靠。全面清查工作一般安排在第四季度初进行，避免年终会计核算工作过于集中。

企业撤销、合并、改制、改变隶属关系，股份制改造，需要进行全面清查，以明确经济责任。

进行清产核资、开展资产评估，进行资本验证时，需要进行全面清查，以摸清家底，掌握资金供求。

单位主要负责人调离工作岗位，进行离任审计，需要进行全面清查，以品评业绩，进行褒奖或处罚。

全面清查的对象具体包括以下内容：库存现金、银行存款等货币资金；各种原材料、半成品、库存商品等存货；房屋、建筑物、机器设备等固定资产；各种应收、应付、预收、预付等往来款项；在途材料；委托其他单位加工、保管的材料、物资。

局部清查是指根据管理需要或有关规定对一部分清查对象所进行的盘点和核对。局部清查的对象一般是流动性较大的财产物资和贵重物资。局部清查的范围小、内容少、需要的清查人员不多。

局部清查的对象具体包括以下内容：库存现金，出纳人员每日营业结束时清查一次；银行存款，每月至少核对一次；流动性较大的存货，应当定期清查；各种债权债务，每年至少清查两三次；贵重资产，每月至少清查一次。

5.7.1.2 按清查时间分类

财产清查，按照清查时间是否固定，分为定期清查和不定期清查。

定期清查是指根据管理制度规定或预先安排所进行的财产清查活动。定期清查一般在月末、季度末、半年末、年末结账前进行。定期清查的范围不固定，可以是全面清查，也可以是局部清查。一般情况下，年末决算前进行全面清查，以保证年度财务报告的准确无误。月末、季末、半年末进行局部清查。

定期清查的目的是保证会计核算资料的真实准确。例如出纳员每天对库存现金进行盘点以及每月对银行存款进行核对，都属于定期清查。

不定期清查是指事先没有时间安排，根据需要进行的临时性清查活动。不定期清查多数属于局部清查。这类清查的目的是分清责任，查明情况。例如企业更换出纳员，对库存现金和银行存款的清查工作，就属于不定期清查。

5.7.1.3 按清查执行单位分类

财产清查，按照清查中组织清查的单位不同，分为内部清查和外部清查。

内部清查是指企业内部相关部门自行组织的清查小组进行的财产清查工作。一般进行的财产清查都属于内部清查。

外部清查是指由上级主管部门、审计机关、税务机关、司法机关、注册会计师根据有关规定组织的财产清查工作。企业应协助财产清查的顺利进行。

财产清查是一项复杂、细致的工作。进行财产清查，尤其是全面清查，所需要参与的人员多，工作量大，涉及部门广、持续时间长。因此，必须有组织、有计划、按步骤进行。为了将清查工作顺利进行，要在组织和业务上进行准备。

组织准备：

在进行财产清查前，成立清查领导小组，由有关领导会同企业相关部门共同进行清查工作。清查小组的工作内容是：

根据财产清查的目的，制定清查计划，明确清查对象和程序，合理安排清查步骤，并组织相关人员进行专业学习。

按财产清查工作量配置清查人员，明确各类清查人员工作任务，按职责分工开展清查工作。

财产清查过程中，认真检查监督工作进程和清查质量，及时研究和处理清查过程中出现的问题。

财产清查完毕，根据清查实际情况，及时写出清查报告，介绍财产清查结果，提出建议和处理意见。

业务准备：

财产清查的业务准备是搞好财产清查工作的前提条件，相关部门和人员要高度重视，特别是企业的会计部门和财产物资保管部门积极主动配合财产清查工作。在财产清查前，财会部门和相关部门在清查小组指导下，应做好以下业务准备工作：

财会部门要完成货币资金、实物资产、债权债务总账明细账的登记与核对工作，并进行结账，保证账证相符，账账相符，使账簿记录准确无误。

财产物资的保管使用部门要将截至清查日止的票据、凭证整理清楚，完成登记簿的登记和余额结算工作。要将清查对象摆放整齐，手续准备齐全。

财产清查中需要的计量器具校正精确，清查中需要的表格账册，如盘存表、实存账存对比表等准备充分，方便使用。

5.7.2 财产清查方法

5.7.2.1 实物资产清查方法

实物资产，是指企业具有实物形态的各种资产，包括原材料、半成品、在产品、固定资产等。对实物资产进行财产清查，是将实际库存数量与金额与账面数量与金额进行核对，查明实存账存是否相符的一种专门方法。实物资产的清查，首先需要确定账面结存数额，然后确定实际结存数额，最后核对是否一致。

实物资产的账面结存方法如下：

实物资产的盘点是财产清查的重要环节。为了使盘点工作顺利进行，需要建立一定的盘存制度。实物资产的账面结存方法，又称盘存制度，是指企业实物资产期末账面余额的确定方法。账面结存方法有两类：永续盘存制和实地盘存制。

永续盘存制：永续盘存制又称账面盘存制，是指会计人员平时根据会计凭证，对各项实物资产的增加、减少数，在有关账簿中进行连续登记，并随时结算出账面结存数的一种方法。

永续盘存制的优点是各项实物资产的增减变动及其结存，能在账簿中及时反映，手续严密，便于进行会计监督；能够随时掌握实物资产的占用情况及动态，有利于加强实物资产的管理。永续盘存制的缺点是增加会计人员的日常核算工作量，并且账簿内容是根据会计凭证登记，可能发生账实不符的情况。因此，采用永续盘存制，需要对实物资产进行财产清查。实际工作中采用永续盘存制对实物资产进行核算。实物资产账面余额的确定公式为：

账面期末余额 = 账面期初余额 + 本期增加额 - 本期减少额

实地盘存制：实地盘存制是指会计人员平时只是对实物资产的增加数，根据会计凭证登记账簿，不登记减少数。月末结账时，根据实地盘点，确定结存数量，倒推出减少数。

实地盘存制，优点是减少了账簿登记的工作量，简化了财产物资的日常核算工作。缺点是日常核算没有严密手续，不能及时掌握实物资产的动态，并且减少数额是倒挤确定的，正常消耗和毁损、丢失不能区分，不利于实物资产的安全和完整。实地盘点的工作量也很大。实地盘存制很少采用。实地盘存制本期减少数的确定公式为：

本期减少数 = 账面期初余额 + 本期增加额 - 本期减少额

实物资产的清查方法如下：

实物资产的清查对象主要是原材料、库存商品、固定资产等财产物资。实物资产在企业的资产中比重很大，是财产清查工作的重点。由于实物资产的数量大、规格多、根据不同情况，可以采用不同的清查方法：

（1）实地盘点法。实地盘点法是指对实物资产进行逐一清点或使用计量器具计量，从而确定清查对象实存数量的一种财产清查方法。实物资产在数量不多情况下，普遍采用实地盘点法。这种方法取得的数字准确可靠，但工作量较大。

（2）技术推算法。技术推算法是指通过推算的形式，对无法逐一清点、计量的实物资产确定实存数量的一种财产清查方法。这种方法通过量方计尺换算的方法对大量的实物资产数量进行推算，虽然工作量不大，但清查结果不够准确。

在财产清查过程中，实物资产的保管人员和财产清查人员需要同时在场。清查结果数据，可填写在“盘存单”上，反映实物资产的实有数量。根据盘存单数据与财会部门账簿余额进行核对，出现不一致时，需要设计填制“实存账存对比表”，列明实物资产的盘盈盘亏数额。“实存账存对比表”可以作为调整账簿记录的原始凭证，也是分析盈亏原因，明确经济责任的重要依据。“盘存单”和“实存账存对比表”格式见表 5 - 13 和表 5 - 14。

表 5-13 盘存单

盘 存 单

单位名称： 编 号：

财产类别： 年 月 日 存放地点：

序 号	名 称	规 格	计量单位	数 量	单 价	金 额	备 注

盘点人： 实物保管人：

表 5-14 实存账存对比表

实存账存对比表

单位名称： 年 月 日 编号：

序 号	名 称	规格	计量单位	单价	实 存		账 存		盘 盈		盘 亏		备注
					数量	金额	数量	金额	数量	金额	数量	金额	

会计主管： 制表

5.7.2.2 债权债务的清查方法

债权债务的清查，主要指对各种应收应付款项、预收预付款项、其他应收应付款项等债权债务的清查。这类清查对象一般采用询证核对法进行账实核对工作，即通过电函、信函或面询等形式进行核对。与债务单位的核对，可设计“往来款项对账单”进行。清查时，将账面各项应收应付等往来款项登记在对账单上，一式两份送达债权或债务单位进行核对。核对后相符，在回联单加盖公章退回。核对中发现问题，需要在回单上注明原因，待进一步查找。对债权或债务单位的账面记录确认清楚或收到回执后，填写“债权债务清查报告表”。对于发现的问题，查明原因，及时解决。“债权债务清查报告表”格式见表 5-15。

表 5-15 债权债务清查报告表

债权债务清查报告表

会计科目： 年 月 日

明细科目	账面结存金额	清查结果		发生时间	核对不符的原因分析					备注
		相符	不符		记账错误	拖欠款项	争执款项	无法收付	其他	

5.7.2.3 货币资金的清查方法

A 库存现金的清查方法

库存现金的清查，采用实地盘点法进行。首先实地盘点库存现金的实有数额，然后与库存现金日记账进行核对，确定账实是否相符。

除了每天出纳员对库存现金进行清查外，根据企业实际需要，组织人员对出纳员的现金保管情况进行抽查。清点现金时出纳人员必须在场，对库存现金的账存实存进行核对。清查时注意有无违反现金管理制度规定的白条抵库、挪用现金、超限留存现金等情况。

现金清查结束后，应填制“库存现金盘点报告表”。发生账实不符，该表可作为调整账面的原始凭证。“库存现金盘点报告表”格式见表5-16。

表5-16 库存现金盘点报告表

库存现金盘点报告表

单位名称： 年 月 日 单位：元

账存金额	实存金额	实存账存对比		备 注
		盘 盈	盘 亏	

负责人： 盘点人： 出纳员：

B 银行存款的清查方法

银行存款的清查采用核对账目法，通过银行存款日记账余额与企业开户银行交来的对账单之间核对，查明是否相符的方法。

在企业银行存款日记账准确无误基础上，与银行交来的对账单进行核对。由于办理结算手续和结算凭证传递时间不一致，即使企业银行存款日记账和银行对账单均无问题，银行对账单余额和企业银行存款日记账余额也会不相等。一般是由于未达账项形成的。

平时银行存款的清查工作主要是在每月月初，对上月的银行存款查找未达账项，编制银行存款余额调节表，确定平衡关系。经过调整后两个余额仍然不一致，就需要进一步查找，是漏记、错记的问题还是其他原因。

未达账项是指企业和银行之间，由于结算凭证传递和办理转账手续的时间不同，形成的一方已登记入账而另一方尚未登记入账的款项。未达账项有四种类型：

企业已收，银行未收的款项。企业已经收到结算凭证，已经登记银行存款增加，而银行尚未收到结算凭证，未登记银行存款增加的款项。

企业已付，银行未付的款项。企业已经收到结算凭证，已经登记银行存款减少，而银行尚未收到结算凭证，未登记银行存款减少的款项。

银行已收，企业未收的款项。银行已经收到结算凭证，已经登记银行存款增加，而企业尚未收到结算凭证，未登记银行存款增加的款项。

银行已付，企业未付的款项。银行已经收到结算凭证，已经登记银行存款减少，而企业尚未收到结算凭证，未登记银行存款减少的款项。

编制银行存款余额调节表，一般采用补记式余额调节法。对于找出的全部未达账项，哪一方未登记增加或减少，在这一方进行补记，原理可通过公式表示为：

企业银行存款日记账余额+银行已收企业未收的款项-银行已付企业未付的款项=银行对账单余额+企业已收银行未收的款项-企业已付银行未付的款项

某企业月末银行存款日记账余额56000元，银行对账单余额74000元，经核对有下列未达账项：

29日，企业收到转账支票2000元存入银行，银行尚未入账。

30日，企业开出转账支票18000元支付货款，银行尚未入账。

30日，企业委托银行代收款项10000元，银行已入账，企业尚未入账。

31日，银行代付水费8000元，企业尚未入账。

根据上述资料，编制银行存款余额调节表，见表5-17。

表5-17 银行存款余额调节表

银行存款余额调节表

单位：元

项　目	金　额	项　目	金　额
企业银行存款日记账余额	56000	银行对账单余额	74000
加：银行已收企业未收款项 减：银行已付企业未付款项	10000 8000	加：企业已收银行未收款项 减：企业已付银行未付款项	2000 18000
调节后余额	58000	调节后余额	58000

补记式余额调节法调整后余额，是企业当时可使用的银行存款数额。银行存款余额调节表是进行银行存款清查使用的表格，不能作为调整账面记录的原始凭证。

对于发生的未达账项，企业应当在收到有关结算凭证后登记入账，不能根据银行存款余额调节表对未达账项进行处理。

5.7.3 财产清查结果的账务处理

对于财产清查中发现的账实不符情况，要根据盘盈、盘亏、毁损的原因，提出处理意见，按照会计制度规定进行处理。当实存数大于账存数时，称为盘盈；

当实存数小于账存数时，称为盘亏；财产物资保管使用中出现质量问题，不能按照原来用途使用，或需要处理报废，称为毁损。财产清查结果的处理步骤如下：

核准数字，查明原因。对盘盈、盘亏数字核实准确，分析调查产生差异的原因，明确责任，并按规定程序将处理意见报请企业有关部门审批处理。

调整账簿记录，做到账实相符。差异数额明确后，为了保证会计信息真实准确，根据财产清查中填写的原始凭证，对盘盈、盘亏、毁损等情况进行账务处理，将账面记录调整与实际相一致，保证账实相符。

报经批准，进行盈、亏原因的账务处理。根据财产清查结果的原因分析和责任认定，经过有关部门及负责人审批后，编制记账凭证，对处理结果进行会计核算。

为核算监督财产清查中发现的盘盈、盘亏、毁损及其处理情况，设置“待处理财产损溢”账户。该账户属于资产类账户，核算等待处理的实物资产盘盈、盘亏、毁损情况，是具有双重性质的账户。借方登记等待处理的实物资产盘亏、短缺、毁损数额及报经批准转销的盘盈数额，贷方登记等待处理的实物资产盘盈、溢余数额及报经批准转销的盘亏、短缺、毁损数额。企业发生的实物资产盘盈盘亏，需要在期末结账前处理完毕，会计期末尚未批准的待处理问题，先按照规定处理，并在财务报告中作出附注说明。企业在年末前应当将待处理财产损溢账户登记内容处理完毕。

只有实物资产，即存货、固定资产通过待处理财产损溢账户核算。货币资金、债权债务不通过该账户核算。

财产清查结果的账务处理如下。

5.7.3.1 库存现金长、短款的账务处理

库存现金流动性大，在收、付过程中容易出现长、短款情况，可通过“其他应付款”“其他应收款”账户进行核算，然后分清情况分别处理。

【例1】财产清查中发现现金长款55元，待查。

借：库存现金　　55

　　贷：其他应付款—库存现金长款　　55

【例2】发现现金短款32元，待查。

借：其他应收款—库存现金短款　　12

　　贷：库存现金　　12

【例3】经查长款原因不明，冲减管理费用。

借：其他应付款—库存现金长款　　55

　　贷：管理费用　　55

【例4】短款现金经查为职工王明报销差错所致，王明交来现金12元。

借：库存现金 12

贷：其他应收款—库存现金短款 12

5.7.3.2 存货盈亏的账务处理

财产清查中发现存货盘盈盘亏，应及时根据有关原始凭证，调整账面记录，完成账实相符工作。然后查明原因，经批准进行账务处理。存货盈亏的原因及处理有以下几种情况：

(1) 存货盘盈，属于收发计量错误及自然升溢等原因形成的存货盘亏，经批准冲减管理费用。

(2) 自然损耗、收发计量等原因造成的存货盘亏，计入管理费用。

(3) 超定额短缺、毁损，责任人原因造成的存货盘亏，由过失人或保险公司赔偿，计入其他应收款；企业负担的，计入管理费用。

(4) 非常损失造成的存货盘亏，由保险公司理赔，计入其他应收款；企业负担的，计入营业外支出。

【例5】财产清查中，发现盘盈甲材料1200元，原因待查。

借：原材料—甲材料 1200

贷：待处理财产损溢 1200

【例6】盘盈材料经调查为自然升溢所形成的，经批准冲减管理费用。

借：待处理财产损溢 1200

贷：管理费用 1200

【例7】财产清查中，发现短缺A产品800元，待查。

借：待处理财产损溢 800

贷：库存商品—A产品 800

【例8】短缺产品经调查有300元为保管员张明原因，确定由其赔偿；其他为收发计量原因造成的，计入管理费用。

借：其他应收款—张明 300

管理费用 500

贷：待处理财产损溢 800

【例9】财产清查中，发现短缺丙材料400元，增值税68元，待查。

原材料盘亏后，相应的增值税需要进行注销，因此给企业造成的影响是材料成本与增值税之和。会计分录为：

借：待处理财产损溢 468

贷：原材料—丙材料 400

应交税费—增值税（进项税额转出） 68

【例10】上月短缺的D产品4350元原因查明，为非常损失所致。确认保险公司赔偿350元，其余企业负担。

借：其他应收款—保险公司　　　　350
　　营业外支出　　　　4000
　　贷：待处理财产损溢　　　　4350

5.7.3.3 固定资产盈亏的账务处理

固定资产盘盈一般是自制设备完工交付使用后未能及时入账所致，应作为前期差错计入“以前年度损益调整”账户。盘盈固定资产的入账价值，参考同类固定资产的市场价格，扣除该项固定资产的估计折旧额，登记入账。借记“固定资产”，贷记“以前年度损益调整”。

固定资产盘亏主要是自然灾害、责任事故、丢失等原因。根据不同情况对固定资产净值分别进行处理：自然灾害造成的固定资产毁损，由保险公司赔偿，计入其他应收款，企业负担，计入营业外支出；责任事故造成的固定资产毁损，应由责任人酌情赔偿，企业负担部分，计入营业外支出；丢失的固定资产，经批准计入营业外支出。

【例 11】 财产清查中，发现短缺设备一台，账面原值 2800 元，已提折旧 1000 元。

短缺设备净值 = 2800 - 1000 = 1800 元

借：待处理财产损溢　　　　1800
　　累计折旧　　　　1000
　　贷：固定资产　　　　2800

【例 12】 经查短缺设备确认为丢失，计入营业外支出。

借：营业外支出　　　　1800
　　贷：待处理财产损溢　　　　1800

5.7.3.4 债权债务清查结果的账务处理

债权债务清查后发现问题，不通过“待处理财产损溢”账户核算。对于确认无法支付的应付款项，经审批程序直接计入营业外收入；无法收回的应收款项，计入管理费用，提取坏账准备金的企业在“坏账准备”账户核算。

【例 13】 财产清查中，发现前欠光明工厂货款 5000 元无法支付，经批准转作营业外收入。

借：应付账款—光明工厂　　　　5000
　　贷：营业外收入　　　　5000

【例 14】 财产清查中，确认红光工厂所欠款项 3300 无法收回，经批准转作管理费用。

借：管理费用　　　　3300
　　贷：应收账款—红光工厂　　　　3300

5.8 账簿的更换与保管

5.8.1 账簿的更换

按照规定，一个会计年度结束后，库存现金日记账、银行存款日记账、总账及各类明细账每年都需要启用新账簿。但固定资产明细账可以继续使用，不需要每年更换新账簿。

更换账簿时，年终结账工作要全部完成。在新账簿账页的第一行摘要栏红字写出“上年结转”或“年初余额”，将上年年末余额登记在余额栏，并写出余额方向。登记内容不需要编制记账凭证。

5.8.2 账簿的保管

账簿是企业重要的核算资料和经济档案。会计人员必须在一个会计年度结束后，将各类活页账簿装订成册，统一编号，与订本账一起归档，根据统一规定的保管年限妥善保管，便于日后查阅。保管期满后，按照规定的审批程序报经批准后，进行销毁。

6 会计工作成果——财务报告

6.1 财务报告的构成与编制要求

6.1.1 什么是财务报告

财务报告是指反映企业某一特定日期财务状况、某一会计期间经营成果等会计信息的书面文件。财务报告是企业提供会计信息的重要手段，编制财务报告是会计工作的一项重要内容，是会计核算的专门方法之一。

企业日常的会计信息，分布在大量的会计凭证和各类账簿中。虽然账簿与凭证相比，内容具有条理化，系统化的特点，能完整反映企业一定时期的经济活动情况，不过数据资料还是分散在不同的账簿中。会计信息要提供给企业外部使用者及企业内部经营管理者，凭证和账簿不能满足需要。为了使分散的会计信息集中、系统、有机地联系在一起，总括反映一定时期的会计信息和资料，使企业的财务状况和经营成果一目了然，及时、准确、清晰、集中地反映经济活动全貌，需要通过编制财务报告手段达到目的。

财务报表是财务报告的最主要组成部分。资产负债表反映企业在某一特定日期所拥有的资产数额、需要偿还的债务数额，以及企业所有者拥有的净资产数额。利润表反映企业在一定会计期间的经营成果，即利润或亏损情况，表明企业拥有资产的获利能力。现金流量表反映企业一定会计期间现金和现金等价物的流入流出情况。会计报表从各个角度全面、概括、系统地描述企业的经营状态，构成完整的指标体系。

企业及时、准确编制和使用财务报告，对于提高企业经营管理水平，满足会计信息使用者的需要，具有重要作用。财务报告的作用具体表现在：

（1）财务报告为企业管理层了解企业财务状况、经营成果等方面情况提供信息。通过财务报告，可以分析企业资产分布和利用情况、权益的结构、成本费用变动以及盈利水平、偿债能力，分析检查各项计划执行情况，及时发现经营中的问题，改善管理水平，增强经营能力。

（2）财务报告为企业投资者、债权人了解企业经营状态提供信息。通过财务报告，投资者、债权人能够了解企业财务状况和经营成果信息，分析企业的经营业绩、获利能力、偿债能力等，取得投资与信贷的决策信息。

（3）财务报告为工商、税务、银行、审计等部门加强对企业的指导和监督提供信息。通过财务报告，有关行政管理部门可以检查监督企业的资金运用情况，遵守财经制度和结算、信贷、税收纪律情况。

（4）财务报告为企业上级主管部门和各级政府宏观管理提供信息。通过财务报告，了解各企业、各部门、各地区的经济发展情况和趋势，为宏观经济调控和预测、决策提供依据。引导、控制落后企业，扶持、壮大优势企业，大力发展节能、环保企业，保证经济的可持续发展。

6.1.2 财务报告的构成

财务报告主要由财务报表、报表附注和其他需要披露的资料组成。财务报表是财务报告的主要构成部分。

6.1.2.1 财务报表

财务报表是通过表格形式，为会计信息使用者提供概括资料。财务报表由主表、附表组成。主表包括资产负债表、利润表、现金流量表、所有者权益（股东权益）变动表；附表包括利润分配表、应交增值税明细表等。资产负债表、利润表是企业需要报送的最主要报表。

会计主体的具体情况不同，所编制的财务报表也不尽相同。企业的财务报表可以从不同角度进行分类。

按经济内容分类，有财务状况报表、财务成果报表、成本费用报表。

反映财务状况报表如资产负债表、现金流量表；反映财务成果报表如利润表、利润分配表；反映费用成本报表如管理费用表、制造费用表等。

按报送对象分类，有对外报表和对内报表。

对外报表是企业向外部提供的，满足企业外部会计信息使用者需要的财务报表，如资产负债表、利润表、现金流量表、利润分配表等。对外报表有统一的格式和报送周期，企业在经营管理中同样需要对外报表提供的会计信息。

对内报表是满足企业内部经营管理的需要而编制的财务报表，主要是一些成本、费用报表。对内报表没有统一格式，根据需要自行设计编报。

按报送时间分类，有中期报表和年度报表。中期报表是以短于一个完整会计年度的报告期间为基础编制的财务报表，包括月度报表、季度报表和半年报表。月份报表和年度报表是按照时间分类的主要报表。与年度财务报表相比，中期财务报表的附注披露可适当简略。

月度报表，是根据每月会计核算资料编制的周期最短的财务报告，反映月度企业财务状况和经营成果。月度报表简明扼要，能够及时提供会计信息。属于月度报表的是资产负债表和利润表。

季度报表，是根据一个季度的会计核算资料编制的财务报告，反映企业季度财务状况和经营成果。季度财务报告提供的会计信息比月度财务报告详细。每个季度最后一个月的资产负债表，就是该季度的财务报表。

半年报表，是根据六个月的会计核算资料编制的财务报告，反映半年来企业的财务状况和经营成果。半年报表包括企业所有会计报表，在不违背会计信息质量要求的前提下，可以适当简化。半年报表包括资产负债表、利润表、现金流量表等。

年度报表，又称年度决算报表，是编制周期最长的财务报告。年度报表反映企业全年的财务状况和经营成果，包括企业全部财务报表，披露完整，反映全面。

按编制主体分类，有个别会计报表和合并会计报表。

个别会计报表是指单一会计主体在自身会计核算基础上，对账簿记录进行加工而编制的，独立反映本身财务状况、经营成果的财务报表。

合并会计报表，是指以母公司和子公司组成的企业集团为一个会计主体，在各自个别会计报表基础上，由母公司编制的反映企业集团财务状况和经营成果的财务报表。

按照资金运动状况，有静态报表和动态报表。

静态报表是反映企业某一特定日期财务状况的报表。静态报表反映企业某一时点的财务状态，如资产负债表。

动态报表是企业某一特定时期经营成果或财务状况变动的报表。动态报表反映企业一段时间内经营成果或财务指标的变动，如利润表、现金流量表等。

6.1.2.2 报表附注

报表附注是对在资产负债表、利润表、现金流量表和所有者权益变动表中列示项目的文字描述或明细资料，以及未能在这些报表中列示项目的说明等。

6.1.2.3 其他需要披露的资料

除财务报表、报表附注外，企业还应根据会计信息使用者的需要，披露一些相关信息，方便会计信息使用者对企业进行全面了解，如企业的业务性质、主要经营活动、组织形式等。

6.1.3 财务报表的编制要求

财务报表是传递会计信息的主要手段，是企业外部各方面了解、掌握企业情况的主要形式，为了保证财务报表及时、准确提供给使用者，满足财务报表使用者的需要，企业在编制财务报表时，应遵循以下要求：

数字真实。财务报表的编制依据是真实完整、准确无误的账簿记录。报表的数据不能估计，更不能弄虚作假，篡改、伪造数字。

在财务报表编制前，需要核对凭证与账簿记录，保证账证、账账相符，必要时进行财产清查，保证账实相符，发现问题及时处理。按期结账，不能提前或延后。

内容完整。企业要按照规定的报表格式和内容填制财务报表，不能漏编、漏报报表内容和项目。企业经营活动所有情况，在报表中要进行全面反映。报表中需要说明的项目，应当另附文字解释，便于报表使用者的理解和运用。

计算准确。财务报表中的各个项目金额，少数内容直接来自账簿记录，多数资料是账簿信息进行分析计算填写的。并且报表项目之间以及各个报表之间的指标，还存在一定对应关系，因此需要采用正确的计算方法，保证计算结果准确。

编报及时。财务报表要按照规定的期限和程序，及时编制和报送，便于财务报表使用者及时掌握企业的经营动态，便于财务报表的汇总单位和部门工作的顺利进行。为了保证报表编制工作的顺利进行，财务部门要组织好日常的会计核算工作，做好报表编制前的必要准备工作，加强企业内部相关部门的合作，相互配合，按期完成任务。

指标可比。财务报表中的指标，在较长时间内尽可能计算口径相同，计算方法一致，以利于财务报表使用者对企业不同时期的财务状况和经营成果进行对比，并且不同企业之间也具有比较的基础。需要变动调整的项目，应当指出造成的影响。只有这样，财务报表使用者才能正确确定同一企业在不同时期以及不同企业之间的财务状况、经营成果的差异。

6.2 财务报表的编制

6.2.1 资产负债表的编制

资产负债表是反映企业在某一特定日期财务状况的报表。资产负债表属于静态报表，每月报表数据是该月最后一天的资产、负债和所有者权益总额及构成。资产负债表的编制依据是会计恒等式（资产 = 负债 + 所有者权益），因此资产负债表是平衡表。资产负债表反映企业在特定日期所拥有的全部资产及其来源之间的对应关系。

资产负债表是企业编制的最主要的财务报表之一。资产负债表的作用有：

通过资产负债表可以了解企业拥有或控制的经济资源及其分布情况，有利于分析预测企业的短期偿债能力。企业拥有或控制的经济资源，包括流动资产、固定资产和其他资产，而短期债务的偿还能力，主要体现在流动资产尤其是货币资金、债权等占有合理比例。通过企业资产构成的分析研究，确定企业资产分布是否合理，比例是否恰当，短期债务到期时，企业是否有足够的货币资金顺利偿还。

通过资产负债表可以了解企业经济资源的来源及构成情况，有利于分析确定企业长期偿债能力及财务状况的稳定性。企业经济资源的来源及其构成，是指权益总额中负债和所有者权益以及负债中流动负债与长期负债、所有者权益中投入资本和留存收益（盈余公积与未分配利润）等方面的构成比例。企业负债与所有者权益相对比例的大小，直接关系到债权人和企业所有者的投资经营风险，以及企业的长期偿债能力。负债比重越大，债权人的风险越大，企业的长期偿债能力越弱。相反，负债比重越小，企业的长期偿债能力越强，债权人的风险越小，企业的财务也越稳定。

通过资产负债表可以预测企业未来的财务趋势，为报表使用者提供决策依据。企业未来经营能力的强弱，获利能力大小，直接关系到是否能够给予投资者较高回报，是否能够按期向债权人还本付息。通过资产负债表提供的数据，可以了解企业经济资源的占用数量以及分布状况，分析企业未来的获利能力，评价预测企业未来的财务趋势。

6.2.1.1 资产负债表的结构和内容

资产负债表的结构有报告式和账户式两种。报告式资产负债表中，所反映的资产、负债和所有者权益三部分内容采用垂直分布形式，具体项目在报表中按所属类别顺序排列。报告式资产负债表按照资产－负债＝所有者权益为基础编制，因此，不能清晰反映资产与负债、所有者权益的平衡关系。报告式资产负债表简化格式见表6－1。

账户式资产负债表，报表分成左右两方，类似于账户。左方列示资产，右方列示负债和所有者权益，左右两方具有平衡关系。我国资产负债表即采用这种结构。

在账户式资产负债表中，左方的资产按流动资产和非流动资产排列，所列项目主要有货币资金、应收账款、预付款项、其他应收款、存货、固定资产、无形资产等。右方的负债按流动负债和非流动负债排列，所列项目有短期借款、应付账款、预收款项、其他应付款、应交税费、应付股利、应付职工薪酬等。在负债下方排列的是所有者权益，所列项目有实收资本（股本）、资本公积、盈余公积和未分配利润。资产负债表的简化格式见表6－2。

6.2.1.2 资产负债表的资料来源和编制原理

资产负债表的数据资料，是根据总账及所属明细账期末余额填制的。不同项目的填写有所区别，编制原理有以下几种：

（1）根据总账账户余额直接填写的项目。例如短期借款、实收资本项目，根据总账各账户期末余额直接填写。

（2）根据几个总账账户期末余额之和填写的项目。例如货币资金、存货。

表6-1 资产负债表（报告式）

资产负债表（报告式）

编制单位： 年 月 日 单位：元

项 目	期末余额	年初余额
资产		
流动资产：		
货币资金		
应收账款		
预付款项		
其他应收款		
存货		
非流动资产：		
固定资产		
无形资产		
其他非流动资产		
资产合计		
负债		
流动负债：		
短期借款		
应付账款		
预收款项		
应付职工薪酬		
应交税费		
应付股利		
应付利息		
非流动负债：		
长期借款		
负债合计		
所有者权益		
实收资本		
资本公积		
盈余公积		
未分配利润		
所有者权益合计		

填表日期： 年 月 日

表6-2 资产负债表（账户式）

资产负债表（账户式）

编制单位： 年 月 日 单位：元

资产	期末余额	年初余额	负债和所有者权益	期末余额	年初余额
流动资产：			流动负债：		
货币资金			短期借款		
应收账款			应付账款		
预付款项			预收款项		
应收利息			应付职工薪酬		
应收股利			应交税费		
其他应收款			应付利息		
存货			应付股利		
1年内到期的非流动资产			其他应付款		
其他资产合计			流动负债合计		
流动资产合计			非流动负债：		
非流动资产：			长期借款		
长期应收款			非流动负债合计		
固定资产			负债合计		
在建工程			所有者权益：		
工程物资			实收资本		
无形资产			资本公积		
商誉			盈余公积		
其他非流动资产			未分配利润		
非流动资产合计			所有者权益合计		
资产合计			负债所有者权益合计		

填表日期： 年 月 日

（3）根据相关账户抵消后净额填写的项目。例如固定资产，根据固定资产总账余额减累计折旧总账余额后的金额填写。

（4）根据总账及所属明细账期末余额分析填写的项目。例如应收账款项目，根据应收账款明细账户借方金额及预收账款明细账户借方余额之和填写；预付款项项目，根据预付账款明细账户借方余额和应付账款明细账户借方余额之和填写。

（5）出现相反方向余额以“－”号填写的项目。例如应交税费项目，根据总账户贷方余额填写，借方余额，以“－”号填写。同样类型的还有应付职工薪酬等。未分配利润项目根据本年利润和利润分配总账户余额之和填写，贷方金额直接填写，借方金额以“－”号填写。

6.2.1.3 资产负债表主要项目的填制方法

（1）货币资金项目，反映货币资金的合计数，根据库存现金与银行存款总账户期末余额合计数填列。

（2）应收账款项目，反映企业因销售商品或提供劳务而向购买单位收取的各种款项。根据应收账款明细账户借方余额与预收账款明细账户借方余额合计数填列。

（3）预付款项项目，反映企业按购销合同的规定预付给供应商的货款。根据预付账款明细账户借方余额与应付账款明细账户借方余额合计数填列。

（4）应收利息项目，反映企业拥有的交易性金融资产应收取的利息。根据应收利息账户期末借方余额填列。

（5）应收股利项目，反映企业应收取的其他单位分配的利润。根据应收股利账户期末借方余额填列。

（6）其他应收款项目，反映企业对其他单位或个人除以上债权外应收和暂付的款项。根据其他应收款明细账户借方余额与其他应付款明细账户借方余额合计数填列。

（7）存货项目，反映企业除固定资产外的有形资产实际成本。根据在途物资、原材料、生产成本、库存商品总账账户余额之和填列。

（8）固定资产项目，反映企业固定资产净值。根据固定资产与累计折旧总账户余额求差填列。

（9）短期借款项目，反映企业由金融机构借入的期限一年以内的款项。根据短期借款总账户余额填列。

（10）应付账款项目，反映企业购买材料或接受劳务应付给供应单位的款项。根据应付账款明细账户贷方余额与预付账款明细账户贷方余额合计数填列。

（11）预收款项项目，反映企业按购销合同的规定预收购买单位的货款。根据预收账款明细账户贷方余额与应收账款明细账户贷方余额合计数填列。

（12）应付职工薪酬项目，反映企业应付未付职工工资及各种薪酬。根据应付职工薪酬总账户贷方余额填列。如果为借方余额，以“－”号填列。

（13）应交税费项目，反映企业应交未交的各种税费。根据应交税费总账户贷方余额填列。如果为借方余额，以“－”号填列。

（14）应付利息项目，反映企业应付未付的利息。根据应付利息账户期末贷方余额填列。

（15）应付股利项目，反映企业尚未支付的现金股利。根据应付股利总账户贷方余额填列。

（16）其他应付款项目，反映企业应付和暂收其他单位和个人的除其他流动负债外的各种款项。根据其他应付款明细账户贷方余额与其他应收款明细账户贷方余额合计数填列。

（17）实收资本项目，反映企业各投资者实际投入的资本（股本）。总额根据实收资本总账户余额填列。

（18）资本公积项目，反映企业资本公积金的期末余额。根据资本公积总账户余额直接填列。

（19）盈余公积项目，反映企业盈余公积金的期末余额。根据盈余公积总账户余额直接填列。

（20）未分配利润项目，反映企业期末尚未分配的利润或尚未弥补的亏损。根据本年利润、利润分配总账户余额之和填列。合计余额为贷方，直接填列，合计余额为借方，以“-”号填列。

6.2.2 利润表的编制

利润表是反映企业在一定会计期间经营成果的报表。利润表属于动态报表。通过利润表，可以反映企业一定会计期间的收入实现情况和费用支出的构成情况。利润表的编制是以收入-费用=利润这一公式为理论依据，是企业最重要财务报表之一。

利润表的作用有：

利润表反映了企业一定时期实现的利润情况。通过利润表提供的利润数据，可以考核企业利润计划的实现情况，评价企业经营者的业绩。

利润表反映了企业利润的形成情况。通过利润表的利润形成资料，可以分析企业利润增减变动原因，为企业管理层提高经营管理水平提供依据。

通过利润表及相关资料，财务报表使用者可以评价企业盈利能力，预测企业未来的盈利趋势，为经营决策提供依据。

6.2.2.1 利润表的结构和内容

利润表是根据收入-费用=利润原理编制的。将企业一定时期取得的收入与发生的费用、支出，按照一定标准和形式，在表格中排列而成的。

利润表的结构有单步式和多步式两种。单步式利润表将本期所有收入排列在一起，确定收入合计；将所有费用支出排列在一起，确定费用、支出合计。然后将收入与费用支出相减，一次性确定出企业的盈亏损益。单步式利润表见表6-3。

表6－3 利润表（单步式）

利 润 表（单步式）

年 月 单位：元

项 目	本期金额	上期金额
一、营业收入和收益		
其中：主营业务收入		
其他业务收入		
营业外收入		
二、营业费用和损失		
其中：主营业务成本		
营业税金及附加		
其他业务成本		
销售费用		
管理费用		
财务费用		
营业外支出		
三、利润总额		
减：所得税费用		
四、净利润		
五、每股收益：		
（一）基本每股收益		
（二）稀释每股收益		

填表日期： 年 月 日

多步式利润表按企业利润的形成过程，收入、费用支出的属性以及与企业经营的关系程度，分别通过计算营业利润、利润总额和净利润几个层次进行反映。

多步式利润表提供的信息具体详细，能够对企业利润构成进行比较分析，有利于预测企业未来的盈利能力。我国利润表采用多步式结构。

在多步式利润表中，能反映出营业利润的构成要素，即营业收入、营业成本、营业税金及附加、销售费用、管理费用、财务费用等，求差取得营业利润指标。

能反映利润总额的构成要素，在营业利润基础上，考虑营业外收入、营业外支出要素，确定利润总额。

能反映净利润构成要素，在利润总额基础上，减去所得税费用，取得净利润指标。

多步式利润表的简化形式见表6-4。下面对多步式利润表进行具体介绍。

表6-4 利润表（多步式）

利 润 表（多步式）

年 月 单位：元

项 目	本期金额	上期金额
一、营业收入		
减：营业成本		
营业税金及附加		
销售费用		
管理费用		
财务费用		
二、营业利润		
加：营业外收入		
减：营业外支出		
三、利润总额		
减：所得税费用		
四、净利润		
五、每股收益：		
（一）基本每股收益		
（二）稀释每股收益		

填表日期： 年 月 日

6.2.2.2 利润表的资料来源和填制方法

利润表的数据资料，是根据总账中损益类账户发生额填制的。在损益类账户借、贷两个方向均有发生额时，按月末转入本年利润账户的数额填制。利润表项目的填制方法如下：

（1）营业收入项目，反映企业经营活动取得的收入总额。根据总账中主营业务收入和其他业务收入账户发生额合计数填列。当收入账户出现借方发生额时，按月末转入本年利润账户的数额填列。

（2）营业成本项目，反映企业经营活动的实际成本。根据总账中主营业务成本和其他业务成本账户发生额合计数填列。当成本账户出现贷方发生额时，按月末转入本年利润账户的数额填列。

（3）营业税金及附加项目，反映企业经营活动应负担的营业税、消费税、城建税、资源税和教育费附加等。根据总账营业税金及附加账户发生额填列。

（4）销售费用项目，反映企业在销售商品和提供劳务等主要经营活动过程中所发生的各项销售费用。根据总账销售费用账户发生额填列。

(5) 管理费用项目，反映企业本期发生的管理费用。根据总账管理费用账户发生额填列。

(6) 财务费用项目，反映企业本期筹集资金发生的费用。根据总账财务费用账户发生额填列。

(7) 营业利润项目，反映企业各项经营业务所实现的利润。根据上述项目求差确定。相减后如果是负数，为企业亏损数额，以“－”表示。

(8) 营业外收入项目，反映企业经营活动以外取得的收入。根据总账营业外收入账户发生额填列。

(9) 营业外支出项目，反映企业经营活动以外发生的支出。根据总账营业外支出账户发生额填列。

(10) 利润总额项目，反映企业实现的利润总数。根据上述项目求差确定。相减后如果是负数，为企业亏损数额，以“－”表示。

(11) 所得税费用项目，反映企业按照税法规定，应交纳的所得税数额。根据总账所得税费用账户发生额填列。

(12) 净利润项目，反映企业取得的净收益。根据上述项目求差确定。相减后如果是负数，为企业亏损数额，以“－”表示。

(13) 基本每股收益项目，反映每股创造的税后利润情况。根据归属于普通股股东的当期净利润，除以发行在外普通股的加权平均数计算。

(14) 稀释每股收益项目，该项目也是反映每股创造的税后利润情况。企业存在稀释性潜在普通股的，按照归属于普通股股东的当期净利润除以发行在外普通股的加权平均数计算。稀释性潜在股，是指假设当期转换为普通股会减少每股收益的潜在普通股。

6.2.3 现金流量表的编制（参考）

现金流量表是反映企业一定会计期间现金和现金等价物流入和流出情况的报表，属于动态报表。现金流量是以现金为基础，按照收付实现制原理编制。这里的现金是指企业库存现金以及可以随时用于支付的存款，具体包括库存现金、存放在银行等金融机构能随时支取的银行存款、其他货币资金及现金等价物。其中其他货币资金是指企业存放在金融机构有特定用途的资金，如外埠存款、银行汇票存款、银行本票存款、信用证保证金存款、信用卡存款等。现金等价物是指企业持有期限短、流动性强、易于转换为已知金额现金、价值变动很小的短期投资。通过现金流量表，能够为财务报表使用者提供一定会计期间内现金和现金等价物流入和流出的信息，了解和评价企业获得现金和现金等价物的能力，据以预测企业未来的现金流量。现金流量表可以评价企业经营业绩、衡量企业财务资源和财务风险及预测企业未来前景。现金流量表还可以评价企业支付能力、偿债能力和周转能力，分析企业收益质量及影响现金净流量的因素等。

6.2.3.1 现金流量表的结构和内容

在现金流量表中，按照经营活动、投资活动和筹资活动的现金流量的分析，分项列示。经营活动是指企业投资活动和筹资活动以外的所有交易和事项，包括销售商品、提供劳务、购买商品、接受劳务，制造产品、广告宣传、推销产品、交纳税金等；投资活动是指企业长期资产的构建和不包括在现金及现金等价物范围内的投资及其处置活动，包括构建固定资产、无形资产、其他长期资产，处置固定资产、无形资产、取得投资收益等；筹资活动是指导致企业资本及债务规模和构成发生变化的活动，包括吸收投资、发行股票、发行债券、分配利润等。

现金流量表的格式一般采用报告式，分类反映经营活动产生的现金流量、投资活动产生的现金流量和筹资活动产生的现金流量，最后汇总反映企业某一期间现金及现金等价物的净增加额。现金流量表见表6－5，现金流量表补充资料披露格式见表6－6。

现金流量表的基本结构包括正表和补充资料两部分。

现金流量表的正表包括以下内容：

经营活动产生的现金流量；

投资活动产生的现金流量；

筹资活动产生的现金流量；

汇率变动对现金的影响；

现金及现金等价物的净增加额；

期末现金及现金等价物余额。

在三类现金流量中，分别计算出现金流入小计和现金流出小计。

（1）经营活动产生的现金流量，主要包括的项目有：

1）销售商品、提供劳务收到的现金；

2）收到的税费返还；

3）收到的其他与经营活动相关的现金，如罚没收入、流动资产损失中的个人赔偿部分等；

4）购买商品、接受劳务支付的现金；

5）支付给职工及为职工支付的现金，不包括退休人员工资及相关费用和在建工程人员的工资及相关费用；

6）支付的各项税费，如增值税、城建税、营业税、消费税、所得税等，不包括计入固定资产价值的有关税费；

7）支付的其他与经营活动相关的现金，如销售费用、罚没支出等。

表 6-5 现金流量表

现 金 流 量 表

编制单位： 年 月 单位：元

项 目	本期金额	上期金额
一、经营活动产生的现金流量：		
销售商品、提供劳务收到的现金		
收到的税费返还		
收到其他与经营活动有关的现金		
经营活动现金流入小计		
购买商品、提供劳务支付的现金		
支付给职工以及为职工支付的现金		
支付的各项税费		
支付其他与经营活动有关的现金		
经营活动现金流出小计		
经营活动产生的现金流量净额		
二、投资活动产生的现金流量：		
收回投资收到的现金		
取得投资收益收到的现金		
处置固定资产、无形资产和其他长期资产收回的现金净额		
处置子公司及其他营业单位收到的现金净额		
收到其他与投资活动有关的现金		
投资活动现金流入小计		
购建固定资产、无形资产和其他长期资产支付的现金		
投资支付的现金		
取得子公司及其他营业单位支付的现金净额		
支付其他与投资活动有关的现金		
投资活动现金流出小计		
投资活动产生的现金流量净额		
三、筹资活动产生的现金流量：		
吸收投资收到的现金		
取得借款收到的现金		
收到其他与筹资活动有关的现金		
筹资活动现金流入小计		
偿还债务支付的现金		
分配股利、利润或偿付利息支付的现金		
支付其他与筹资活动有关的现金		
筹资活动现金流出小计		
筹资活动产生的现金流量净额		
四、汇率变动对现金及现金等价物的影响		
五、现金及现金等价物净增加额		
加：期初现金及现金等价物余额		
六、期末现金及现金等价物余额		

表6-6 现金流量表补充资料

补充资料	本期金额	上期金额
1. 将净利润调节为经营活动现金流量：		
净利润		
加：资产减值准备		
固定资产折旧		
无形资产摊销		
长期待摊费用摊销		
处置固定资产、无形资产和其他长期资产的损失（收益以“-”号填列）		
固定资产报废损失（收益以“-”号填列）		
公允价值变动损失		
财务费用		
投资损失		
递延所得税资产减少		
递延所得税负债增加		
存货的减少		
经营性应收项目的减少		
经营性应付项目的增加		
其他		
经营活动产生的现金流量净额		
2. 不涉及现金收支的重大投资和筹资活动：		
债务转为资本		
一年内到期的可变换公司债券		
融资租入固定资产		
3. 现金及现金等价物的净变动情况：		
现金的期末余额		
减：现金的期初余额		
加：现金等价物的期末余额		
减：现金等价物的期初余额		
现金及现金等价物的净增加额		

（2）投资活动产生的现金流量，主要包括的项目有：

1）收回投资收到的现金；

2）取得投资收益收到的现金；

3）处置固定资产、无形资产和其他长期资产收到的现金净额；

4）处置子公司及其他营业单位收到的现金净额；

5）收到的其他与投资活动有关的现金；

6）购建固定资产、无形资产和其他长期资产支付的现金；

7）投资支付的现金；

8）为子公司及其他营业单位支付的现金净额；

9）支付的其他与投资活动有关的现金。

（3）筹资活动产生的现金流量，主要包括的项目有：

1）吸收投资收到的现金，如发行股票、债券收到的现金，收到投资者投入的现金；

2）取得借款收到的现金；

3）收到的其他与筹资活动相关的现金，如接受现金资产捐赠；

4）偿还债务支付的现金，如债务本金；

5）分配股利、利润或偿付利息所支付的现金；

6）支付的其他与筹资活动有关的现金，如现金捐赠支出、融资租入固定资产支付的租金等。

补充资料内容包括：

1）将净利润调节为经营活动的现金流量；

2）不涉及现金收支的重大投资和筹资活动；

3）现金及现金等价物净变动情况。

6.2.3.2 现金流量表的资料来源和填制方法

现金流量表的填制方法有直接法和间接法两种。直接法是通过现金收入和现金支出的主要类别反映来自企业经营活动的现金流量。采用直接法确定经营活动的现金流量，一般以利润表中的营业收入为计算起点，调整与经营活动有关的项目增减变动，从而计算出经营活动的现金流量。间接法是以本期净利润为起算点，调整不涉及现金的收入、费用、营业外收支等有关项目的增减变动，从而计算出经营活动中的现金流量。我国财务制度规定现金流量表采用直接法编制，所提供的信息有助于评价企业未来的现金流量。

A 现金流量表的编制方法

a 经营活动产生的现金流量各项目的编制方法

（1）“销售商品、提供劳务收到的现金”项目：该项目反映企业销售商品、提供劳务实际收到的现金（包括销售收入和应向购货单位收取的增值税）。确定形式是，本期销售收入、提供劳务收到的现金，以及前期销售和前期提供劳务本期收到的现金和本期预收的账款，减去本期退回本期销售的商品和前期销售本期退回的商品支付的现金。企业销售材料和代购代销业务收到的现金，也在本项目反映。本项目根据“库存现金”“银行存款”“应收账款”“应收票据”“预收账款”“主营业务收入”“其他业务收入”等账户的记录分析填写。

（2）“收到的税费返还”项目：该项目反映企业收到返还的各种税费，如收到的增值税、消费税、所得税、教育费附加返还等。本项目根据“库存现金”“银行存款”“营业税金及附加”“补贴收入”“应收补贴款”等账户的记录分析填写。

（3）“收到其他与经营活动有关的现金”项目：该项目反映企业除了上述各项目外，收到的其他与经营活动有关的现金流量，如罚款收入、流动资产损失中由个人赔偿的现金收入等。本项目根据“库存现金”“银行存款”“营业外收入”等账户的记录分析填写。

（4）“购买商品、接受劳务支付的现金”项目：该项目反映企业购买材料、商品、接受劳务实际支付的现金，包括本期购入材料、商品、接受劳务支付的现金（包括增值税进项税额），以及本期支付前期购入商品、接受劳务的未付款项和本期预付款项。本期发生的购货退回收到的现金应从本项目内扣除。本项目根据“库存现金”“银行存款”“应付账款”“应付票据”“主营业务成本”等账户的记录分析填写。

（5）“支付给职工以及为职工支付的现金”项目：该项目反映企业实际支付给职工，以及为职工支付的现金，包括本期实际支付给职工的工资、奖金、各种津贴和补贴等，以及为职工支付的其他费用。不包括支付给离退休人员的各项费用和支付给在建工程人员的工资等。企业支付给离退休人员的各项费用，包括支付的统筹退休金以及未参加统筹的退休人员的费用，在“支付的其他与经营活动有关的现金”项目中反映；支付给在建工程人员的工资，在“购建固定资产、无形资产和其他长期资产所支付的现金”项目中反映。本项目根据“应付工资”“库存现金”“银行存款”等账户的记录分析填写。企业为职工支付的养老、失业等社会保险基金，补充养老保险，住房公积金，支付给职工的住房困难补助，以及企业支付给职工或为职工支付的其他福利费用等，应按职工的工作性质和服务对象，分别在本项目和在“购建固定资产、无形资产和其他长期资产所支付的现金”项目反映。

（6）“支付的各项税费”项目：该项目反映企业按规定支付的各项税费，包括本期发生并支付的税费，以及本期支付以前各期发生的税费和预交的税金，如支付的教育费附加、矿产资源补偿费、印花税、房产税、土地增值税、车船使用税、预交的营业税等。不包括计入固定资产价值、实际支付的耕地占用税等。也不包括本期退回的增值税、所得税，本期退回的增值税、所得税在“收到的税费返还”项目反映。本项目根据“应交税费”“库存现金”“银行存款”等账户的记录分析填写。

(7)“支付的其他与经营活动有关的现金”项目：该项目反映除上述项目外，支付的其他与经营活动有关的现金流出，如罚款支出、支付的差旅费、业务招待费现金支出、支付的保险费等。其他现金流出如果数额较大的，应单列项目反映。本项目应根据有关账户的记录分析填写。

b 投资活动产生的现金流量各项目的编制方法

(1)“收回投资所收到的现金”项目：该账户反映企业出售、转让或到期收回出现金等价物以外的短期投资、长期股权投资而收到的现金，以及收回长期债权投资本金而收到的现金。不包括长期债权投资收回的利息，以及收回的非现金资产。本项目根据“短期投资”“长期股权投资”“库存现金”“银行存款”等账户的记录分析填写。

(2)“取得投资收益所收到的现金”项目：该项目反映企业因股权性投资和债权性投资而取得的现金股利、利息，以及从子公司、联营企业和合营企业分回利润收到的现金。不包括股票股利。本项目根据“库存现金”“银行存款”“投资收益”等账户的记录分析填写。

(3)“处置固定资产、无形资产和其他长期资产收到的现金净额”项目：该项目反映企业处置固定资产、无形资产和其他长期资产所取得的现金，减去为处置这些资产而支付的有关费用后的净额。由于自然灾害所造成的固定资产等长期资产损失而收到的保险赔偿收入，也在本项目反映。本项目根据“固定资产清理”“库存现金”“银行存款”等账户的记录分析填写。

(4)“收到的其他与投资活动有关的现金”项目：该项目反映企业除了上述各项以外。收到的其他与投资活动有关的现金流入。其他现金流入如数额较大的，应单列项目反映。本项目根据有关账户的记录分析填写。

(5)“购建固定资产、无形资产和其他长期资产支付的现金”项目：本项目反映企业购买、建造固定资产，取得无形资产和其他长期资产所支付的现金，不包括为购建固定资产而发生的借款利息资本化的部分，以及融资租入固定资产支付的租赁费、借款利息和融资租入固定资产支付的租赁费，在筹资活动产生的现金流量中反映。本项目根据“固定资产”“在建工程”“无形资产”“库存现金”“银行存款”等账户的记录分析填写。

(6)“投资支付的现金”项目：该项目反映企业进行权益性投资和债权性投资支付的现金，包括企业取得的除现金等价物以外的短期股票投资、短期债券投资、长期股权投资、长期债权投资支付的现金，以及支付的佣金、手续费等附加费用。本项目根据“长期股权投资”“长期债权投资”“短期投资”“库存现金”“银行存款”等账户的记录分析填写。企业购买股票和债券时，实际支付的价款中包含的已宣告但尚未领取的现金股利或已到付息期但尚未领取的债券的利息，应在投资活动的“支付的其他与投资活动有关的现金”项目反映；收回购买股票或债券时支付的已宣告但尚未领取的现金股利或已到付息期但尚未领取的债券的利息，也在投资活动的“支付的其他与投资活动有关的现金”项目反映。

（7）“支付的其他与投资活动有关的现金”项目：该项目反映企业除了上述各项以外，支付的其他与投资活动有关的现金流出。其他现金流出如数额较大的，应单独项目反映。本项目根据有关账户的记录分析填写。

c 筹资活动产生的现金流量各项目的编制方法

（1）“吸收投资收到的现金”项目：该项目反映企业收到的投资者投入的现金，包括以发行股票、债券等方式筹集的资金实际收到款项净额（发行收入减去支付的佣金等发行费用后的净额）。以发行股票、债券等方式筹集资金而由企业直接支付的审计、咨询等费用，在“支付的其他与筹资活动有关的现金”项目反映，不从本项目内减去。本项目根据“实收资本（或股本）”“库存现金”“银行存款”等账户的记录分析填写。

（2）“取得借款收到的现金”项目：本项目反映企业举借各种短期、长期借款所收到的现金。本项目根据“短期借款”“长期借款”“库存现金”“银行存款”等账户的记录分析填写。

（3）“收到的其他与筹资活动相关的现金”项目：该项目反映企业除上述项目外，收到的其他与筹资活动有关的现金流入，如接受现金捐赠等。其他现金流入如数额较大的，应单独项目反映。本项目根据有关账户的记录分析填写。

（4）“偿还债务支付的现金”项目：该项目反映以现金偿还债务的本金、包括偿还金融机构的借款本金、偿还债券本金等。企业偿还的借款利息、债券利息，在“分配股利、利润或偿付利息所支付的现金”项目反映。不包括在本项目内。本项目根据“短期借款”“长期借款”“库存现金”“银行存款”等账户的记录分析填写。

（5）“分配股利、利润或偿付利息所支付的现金”项目：该项目反映企业实际支付的现金股利，支付给其他投资单位的利润以及支付的借款利息、债券利息等。本项目根据“应付股利”“财务费用”“长期借款”“库存现金”“银行存款”。

（6）“支付的其他与筹资活动有关的现金”项目：该项目反映企业除了上述各项外，支付的其他与筹资活动有关的现金流出，如捐赠现金支出、融资租入固定资产支付的租赁费等。其他现金流出如果数额较大的，应单列项目反映。本项目根据有关账户的记录分析填写。

d 补充资料的编制方法

将净利润调节为经营活动现金流量各项目填写方法如下：

（1）“资产减值准备”项目：该项目反映企业计提的各项资产减值准备。资产减值准备包括：坏账准备、存货跌价准备、投资性房地产减值准备、长期股权投资减值准备、持有至到期投资减值准备、固定资产减值准备、在建工程减值准备、工程物资减值准备、生物性资产减值准备、无形资产减值准备、商誉减值准备等。企业计提的各项资产减值准备，包括在利润表中，属于利润的减除项目，但没有发生现金流出。所以，在将净利润调节为经营活动现金流量时，需要转回。

本项目根据“管理费用”“投资收益”“营业外支出”等账户的记录分析填写。

（2）“固定资产折旧”项目：该项目反映企业本期累计提取的折旧。计提的固定资产折旧，有的包含在管理费用中，有的包含在制造费用中，计入管理费用账户的固定资产，作为期间费用在计算净利润时已经扣除，但没有发生现金流出，在将净利润调节为经营活动现金流量时，需要予以转回。计入制造费用账户中的已经变现部分，在计算净利润时通过销售成本已经扣除，但没有发生现金流出。计入制造费用账户没有变现部分，既不涉及现金收支，也不影响企业当期净利润。由于在调节存活时已经扣除，所以在此处将净利润调节为经营活动现金流量时，需要进行转回。本项目根据“累计折旧”账户的贷方发生额分析填写。

（3）“无形资产摊销”项目：该项目反映企业本期累计摊入成本费用的无形资产价值。本项目根据“无形资产”账户贷方发生额分析填写。

（4）“长期待摊费用摊销”项目：该项目反映企业本期累计摊入成本费用的长期待摊费用。本项目根据“长期待摊费用”账户贷方发生额分析填写。

（5）“处置固定资产、无形资产和其他长期资产的损失（减：收益）”项目：该项目反映处置固定资产、无形资产和其他长期资产的净损失。本项目根据“营业外收入”“营业外支出”“其他业务收入”“其他业务成本”账户所属明细账户的记录分析填写。如果是净收益，以“－”号填写。

（6）“固定资产报废损失”项目：该项目反映本期固定资产盘亏（减：盘盈）后的净损失。本项目根据“营业外收入”“营业外支出”账户所属有关明细账户中固定资产盘亏损失减去固定资产盘盈收益后的差额填写。

（7）“公允价值变动损失”项目：该项目反映企业在初始确认是划分为以公允价值计量且其变动计入当期损益的交易性金融资产或金融负债、衍生工具、套期等业务中，公允价值变动形成的应计入当期损益的利得或损失。企业发生的公允价值变动损益，通常与企业的投资活动或筹资活动有关，而且并不影响企业当期的现金流量。为此，应当将其从净利润中剔除。本项目可以根据“公允价值变动损益”账户的发生额分析填写。如为持有损失，在将净利润调节为经营活动现金流量时，应当转回如为持有利得，在将净利润调节为经营活动现金流量时，应当扣除。

（8）“财务费用”项目：该项目反映企业本期发生的应属于投资活动或筹资活动的财务费用。本项目根据“财务费用”账户本期借方发生额分析填写。如果是收益，以“-”号填写。

（9）“投资损失”（减：收益）项目：该项目反映企业本期投资所发生的损失减去收益后的净损失。本项目根据利润表中的“投资收益”项目的数额填写，如果是投资收益，以“-”号填写。

（10）“递延所得税资产减少”项目：该项目可根据“递延所得税资产”账户期初余额-期末余额的差额填写。

（11）“递延所得税负债增加”项目：该项目可根据“递延所得税负债”账户期末余额-期初余额的差额填写。

（12）“存货的减少”项目：本项目反映企业本期存货的减少（减：增加）。本项目根据资产负债表中的“存货”项目的期初、期末余额的差额填写。期末余额大于期初余额的，以“-”号填写。

（13）“经营性应收项目的减少（减：增加）”项目：该项目反映企业本期经营性应收项目（包括应收账款、应收票据和其他应收款中与经营活动有关的部分及应收的增值税销项税额等）的减少（减：增加）。

（14）“经营性应付项目的增加（减：减少）”项目：该项目反映企业本期经营性应付项目（包括应付账款、应付票据、应付福利费、应交税费、其他应付款中与经营活动有关的部分以及应付的增值税进项税额等）的增减（减：减少）。

B 不涉及现金收支的重大投资和筹资活动各项目填写方法

“不涉及现金收支的重大投资和筹资活动”反映企业一定期间内影响资产或负债但不形成该期现金收支的所有投资和筹资活动的信息，其填写方法如下：

（1）“债务转为资本”项目，反映企业不期转为资本的债务金额。

（2）“一年内到期的可转换公司债券”项目，反映企业一年内到期的可转换公司债券的本息。

（3）“融资租入固定资产”项目，反映企业本期融资租入固定资产计入“长期应付款”账户的金额。

6.3 财务评价指标及其计算

企业经营者不能直接根据会计核算的信息进行预测、决策。需要对会计信息进行加工、整理，计算一些评价指标。财务评价指标是以财务报表提供的资料为依据计算取得的，对企业财务状况、经营成果作出判断的一些指标。对于财务报告的使用者，通过这些评价指标，对企业进行全面认识。财务评价指标主要有偿债能力评价指标、营运能力评价指标、盈利能力评价指标。

6.3.1 偿债能力评价指标

6.3.1.1 资产负债率

资产负债率是指企业负债总额与全部资产的比率。该评价指标可以衡量企业利用债权人提供的资金进行经营活动的能力，同时反映债权人债务的安全程度。计算公式为：

$$资产负债率=\frac{负债总额}{全部资产总额}\times 100\%$$

企业的资产负债率越低，说明企业通过负债取得的资产越少。但从经营角度分析，资产负债率过低，说明企业运用外部资金的能力较差。

6.3.1.2 流动比率

流动比率是指企业流动资产与流动负债的比率。该指标可以衡量企业流动资产在短期债务到期之前，变现用于偿还流动负债的能力。工业企业流动比率正常范围是2:1，计算公式为：

$$流动比率=\frac{流动资产}{流动负债}$$

6.3.1.3 速动比率

速动比率是指企业速动资产与流动负债的比率。该指标可以衡量企业流动资产中立即用于偿还流动负债的能力。速动资产是流动资产扣除存货的余额，即流动速度超过流动资产的那部分资产，包括货币资金和债权。工业企业速动比率的正常范围是1:1，计算公式为：

$$速动比率=\frac{速动资产}{流动负债}$$

评价企业偿债能力指标中，资产负债率越低，企业偿还债务的能力越强；流动比率和速动比率越高，企业偿还债务的能力越强，这样对债权人有利。但对于企业来说，适度的负债经营，不仅是维持和扩大企业生产经营的一项重要筹资政策，同时也影响企业盈利水平。因此，偿债能力指标都有个适度范围，流动资产不仅要满足偿还流动负债的需要，还要满足正常生产经营活动的需要。

6.3.2 营运能力评价指标

（1）总资产周转率。总资产周转率是指企业营业收入净额与平均资产总额的比率，用来衡量企业全部资产的利用效率。总资产周转率越高，表明企业资产的利用效率越高。计算公式为：

$$总资产周转率=\frac{营业收入净额}{平均资产总额}$$

（2）应收账款周转率。应收账款周转率是指企业赊销收入净额与平均应收账款余额的比率，用来衡量企业应收账款的流动程度，周转率越高，说明企业营运能力越强。赊销收入净额是营业收入扣除现销收入的余额。计算公式为：

$$应收账款周转率=\frac{赊销收入净额}{平均资产总额}$$

（3）存货周转率。存货周转率是指企业营业成本与平均存货余额的比率，衡量企业存货的流动性，确定企业存货是否过量。存货周转率越高，说明企业存货周转速度越快，企业销售越好，企业营运能力越强。计算公式为：

$$存货周转率=\frac{营业成本}{平均存货余额}$$

6.3.3 盈利能力评价指标

（1）总资产报酬率。总资产报酬率是指企业利润总额与平均资产总额的比率，衡量企业资产的利用效率。计算公式为：

$$总资产报酬率=\frac{利润总额+利息支出}{平均资产总额}\times 100\%$$

（2）净资产收益率。净资产收益率是指企业净利润与平均净资产的比率，也称股东权益报酬率，衡量企业资本运行的综合效益。计算公式为：

$$净资产收益率=\frac{净利润}{平均净资产总额}\times 100\%$$

（3）营业利润率。营业利润率是指企业利润总额与营业收入净额的比率，衡量企业营业收益水平的指标。计算公式为：

$$营业利润率=\frac{利润总额}{营业收入净额}\times 100\%$$

（4）营业成本利润率。营业成本利润率是指企业利润总额与营业成本的比率，衡量企业营业成本的获利水平。计算公式为：

$$营业成本利润率=\frac{利润总额}{营业成本总额}\times 100\%$$

6.4 制造业财务报表编制实例

6.4.1 填制资产负债表

根据下列资料，填制资产负债表。

企业月末各账户余额如下（单位：元）：

会计科目	借方余额	贷方余额
库存现金	4500	
银行存款	500800	
应收账款	48500	
—红光公司	57000	
—红运公司		8500
预付账款	8000	
—光辉工厂	10000	
—光大工厂		2000
其他应收款	6600	
在途物资	15800	
原材料	66500	
生产成本	70000	
库存商品	126000	
固定资产	1494800	
累计折旧		10000
短期借款		75000
应付账款		17000
—光明工厂		22000
—光彩工厂	5000	
预收账款		50000
—明星公司		35000
—红星公司		15000
应付职工薪酬		171000
应交税费		6100
应付利息		3000
实收资本		1649000
资本公积		67000
盈余公积		88000
本年利润		353400
利润分配	148000	

填制过程如下：

（1）货币资金项目：根据库存现金账户和银行存款账户余额之和填写，4500 + 500800 = 505300。

（2）应收账款项目：根据应收账款明细账户借方余额与预收账款明细账户借方余额合计数填写，57000。

（3）预付款项项目：根据预付账款明细账户借方余额与应付账款明细账户借方余额合计数填写，10000 + 5000 = 15000。

（4）其他应收款项目：根据其他应收款明细账户借方余额与其他应付款明细账户借方余额合计数填写，6600。

（5）存货项目：根据在途物资、原材料、生产成本、库存商品账户余额之和填写，15800 + 66500 + 70000 + 126000 = 278300。

（6）流动资产合计项目：505300 + 57000 + 15000 + 6600 + 278300 = 862200。

（7）固定资产项目：根据固定资产与累计折旧账户余额求差填写，1494800 - 10000 = 1484800。

（8）非流动资产合计项目：1484800。

（9）资产总计项目：流动资产合计 + 非流动资产合计 = 862200 + 148400 = 2347000。

（10）短期借款项目：根据短期借款总账户余额填写，75000。

（11）应付账款项目：根据应付账款明细账户贷方余额与预付账款明细账户贷方余额合计数填写，22000 + 2000 = 24000。

（12）预收款项项目：根据预收账款明细账户贷方余额与应收账款明细账户贷方余额合计数填写，35000 + 15000 + 8500 = 58500。

（13）应付职工薪酬项目：根据应付职工薪酬总账户贷方余额填写，171000。

（14）应交税费项目：根据应交税费总账户贷方余额填写，6100。

（15）应付利息项目：根据应付利息总账户贷方余额填写，3000。

（16）流动负债合计项目：75000 + 24000 + 58500 + 171000 + 6100 + 3000 = 337600。

（17）负债合计项目：337600。

（18）实收资本项目：根据总账实收资本（股本）账户贷方余额填写，1649000。

（19）资本公积项目：根据总账资本公积账户贷方余额填写，67000。

（20）盈余公积项目：根据总账盈余公积账户贷方余额填写，88000。

（21）未分配利润项目：根据总账本年利润、利润分配账户贷方余额填写，

353400 - 148000 = 205400。

（22）所有者权益合计项目：1649000 + 67000 + 88000 + 205400 = 2009400。

填制的资产负债表见表6-7。

表6-7 资产负债表

资 产 负 债 表

编制单位： 单位：元

资产	期末余额	年初余额	负债和所有者权益	期末余额	年初余额
流动资产：			流动负债：		
货币资金	505300		短期借款	75000	
应收账款	57000		应付账款	24000	
预付款项	15000		预收款项	58500	
应收股利			应付职工薪酬	171000	
应收利息			应交税费	6100	
其他应收款	6600		应付利息	3000	
存货	278300		应付股利		
1年内到期的非流动资产			其他应付款		
其他资产合计			流动负债合计	337600	
流动资产合计	862200		非流动负债：		
非流动资产：			长期借款		
长期应收款			非流动负债合计		
固定资产	1484800		负债合计	337600	
在建工程			所有者权益：		
工程物资			实收资本	1649000	
无形资产			资本公积	67000	
商誉			盈余公积	88000	
其他非流动资产			未分配利润	205400	
非流动资产合计	1484800		所有者权益合计	2009400	
资产总计	2347000		负债所有者权益合计	2347000	

6.4.2 填制利润表

根据下列资料，填制利润表。

企业损益类账户本月发生额如下（单位：元）：

主营业务收入	580000
其他业务收入	25000
营业外收入	13000
主营业务成本	210000
营业税金及附加	1100
其他业务成本	10800
销售费用	7000
管理费用	33700
财务费用	200
营业外支出	8000
所得税费用	86800

填制过程如下：

（1）营业收入项目：根据总账中主营业务收入和其他业务收入账户发生额合计数填写，580000 + 25000 = 605000。

（2）营业成本项目：根据总账中主营业务成本和其他业务成本账户发生额合计数填写，210000 + 10800 = 220800。

（3）营业税金及附加项目：根据总账营业税金及附加账户发生额填写，1100。

（4）销售费用项目：根据总账销售费用账户发生额填写，7000。

（5）管理费用项目：根据总账管理费用账户发生额填写，33700。

（6）财务费用项目：根据总账财务费用账户发生额填写，200。

（7）营业利润项目：根据以上项目之间的关系填写，605000 − 220800 − 1100 − 7000 − 33700 − 200 = 342200。

（8）营业外收入项目：根据总账营业外收入账户发生额填写，13000。

（9）营业外支出项目：根据总账营业外支出账户发生额填写，8000。

（10）利润总额项目：根据以上项目之间的关系填写，342200 + 13000 − 8000 = 347200。

（11）所得税费用项目：根据总账所得税费用账户发生额填写，86800。

（12）净利润项目：根据以上项目之间的关系填写，347200 − 86800 = 260400。

填制的利润表见表 6 − 8。

表 6－8 利润表

利 润 表

单位：元

项 目	本月数	本年累计数
一、营业收入	605000	
减：营业成本	220800	
营业税金及附加	1100	
销售费用	7000	
管理费用	33700	
财务费用	200	
二、营业利润	342200	
加：营业外收入	13000	
减：营业外支出	8000	
三、利润总额	347200	
减：所得税费用	86800	
四、净利润	260400	
五、每股收益：		
（一）基本每股收益		
（二）稀释每股收益		

总结篇

会计核算组织程序与会计工作组织

无论是会计理论还是会计操作，都体现出作为经济管理重要组成部分的会计工作的专业性、系统性和逻辑性。从会计科目、账户到复式记账，从会计凭证、账簿到财务报告，互相联系相互依赖，共同组成会计工作体系。

会计核算组织程序，是不同形式的会计核算过程，是任何一个会计主体进行会计核算应选择的工作过程。或者采用科目汇总表核算组织程序，或者采用汇总记账凭证核算组织程序，都应根据本单位规模大小和业务繁简进行选择，这样才能合理配置会计人员，优化会计核算过程，提高会计工作效率。

会计工作组织，包括会计人员、会计机构和会计制度，是进行会计工作会计核算的人员保证、组织保证和制度保证。会计人员有专业素质要求和职业道德要求；会计机构的各科室和人员，相互牵制相互制约。进行会计工作还需要遵循法律规范，保证会计工作的合理合法合规，保证会计信息的真实可靠。

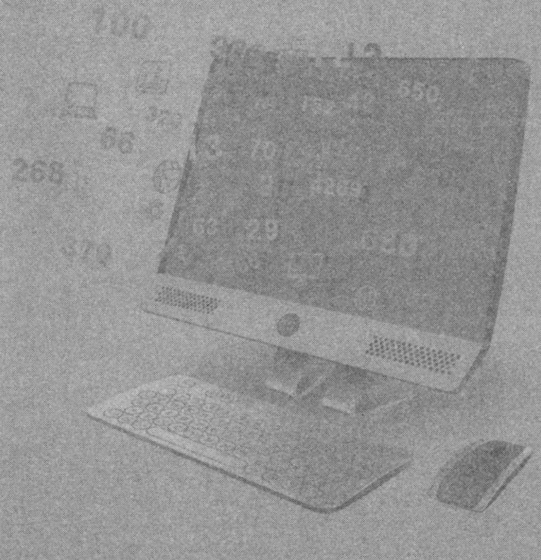

7 会计核算组织程序

7.1 会计核算组织程序的作用

7.1.1 什么是会计核算组织程序

会计核算组织程序，又称为会计核算形式，是指在会计核算中，会计凭证、账簿和财务报告的种类、格式与记账程序相结合的方法和步骤。

企业进行会计核算，需要采用设置账户、复式记账、填制和审核凭证、登记账簿、成本计算等一系列会计专门方法来取得日常会计核算资料，并在此基础上，对日常会计核算资料进行加工，编制财务报告，以会计报表的形式，为会计信息的使用者提供反映企业财务状况和经营成果等方面的信息。填制和审核凭证、登记账簿、编制财务报告是会计核算中最主要的环节，这些方法互相联系、互相制约。财务报告是根据账簿资料编制的，财务报告的内容对账簿的种类、格式和记录内容具有制约作用；账簿是根据会计凭证登记的，账簿的种类、格式又决定于会计凭证的种类和格式。各个环节的相互结合，决定着会计核算工作的及时、准确、全面和系统。因此，需要选择合适的会计核算组织程序，将凭证之间、账簿之间、报表之间有机结合起来。

7.1.2 会计核算组织程序的作用

（1）有利于提高会计工作质量。规范的会计核算工作，可以保证会计记录的完整、准确，会计信息的真实可靠。

（2）有利于提高会计工作效率。选择适合本企业的核算组织程序，可以减少不必要的核算环节，减轻会计人员的工作量，保证会计信息的及时性。

（3）有利于强化企业内部控制和会计监督。会计核算组织程序规定了凭证之间、账簿之间的相互关系，以及账务处理的步骤和方法，使各项核算工作相互牵制和约束。

7.1.3 选择会计核算组织程序的原则

企业选择适合本企业的会计核算组织程序，应当遵循以下原则：

（1）结合本企业经济活动特点、规模大小和业务繁简情况，保证会计核算的分工和协作，有利于建立会计岗位责任制。

（2）能够使企业的会计信息及时、准确、全面地提供给使用者，满足国家宏观管理的需要，满足企业内部经营管理的需要，满足投资者、债权人计划和决策的需要。

（3）在保证会计核算质量的基础上，应当简化核算手续，节约人力、物力和财力，提高会计核算工作效率。

各企业自身情况、业务性质、规模大小各不相同，设置的账簿种类、格式和账簿之间的相互关系同样有很大区别。不同的记账方法和记账程序，不同的账簿体系和财务报告的编制过程，形成了不同的会计核算组织程序。每个企业都需要选择适合本单位的会计核算组织程序。按照登记总账的依据和方法不同，会计核算组织程序有：记账凭证核算组织程序、科目汇总表核算组织程序、汇总记账凭证核算组织程序、日记总账核算组织程序、多栏式日记账核算组织程序等，其中前三种是常见的核算程序。

7.2 记账凭证核算组织程序

7.2.1 记账凭证核算组织程序的特点

记账凭证核算组织程序是根据原始凭证或原始凭证汇总表编制记账凭证，直接根据各种记账凭证逐笔登记总账的账务处理程序，是最基本的会计核算程序，其他核算程序都是以这种程序为基础。

记账凭证核算组织程序的特点是直接根据记账凭证逐笔登记总分类账。

记账凭证核算组织程序采用通用记账凭证；库存现金日记账、银行存款日记账和总账采用三栏式订本账；各类明细账根据登记内容不同以及经营管理的需要，采用三栏式、多栏式、数量金额式活页账。

7.2.2 记账凭证核算组织程序的步骤

（1）根据原始凭证或原始凭证汇总表填制记账凭证；

（2）将涉及货币资金增减的记账凭证交给出纳员登记库存现金日记账和银行存款日账；

（3）根据所有记账凭证及所附原始凭证登记各种明细账；

（4）根据所有记账凭证登记总账；

（5）月末，将日记账、总账和各类明细账相关账户发生额、余额核对相符；

（6）根据总账、明细账数据资料编制财务报告。

记账凭证核算组织程序基本步骤如图 7－1 所示。

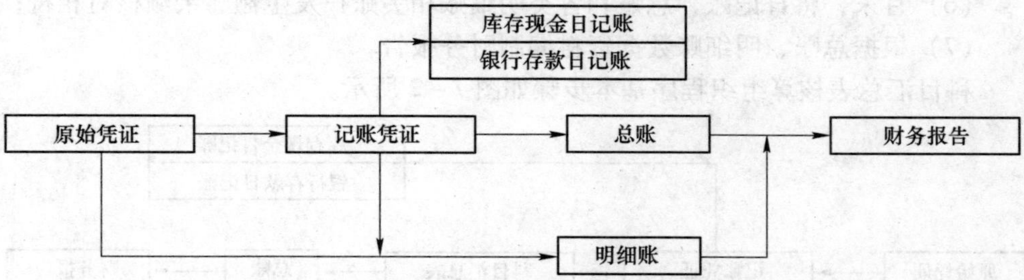

图 7－1 记账凭证核算组织程序基本步骤

记账凭证核算组织程序的优点是：核算程序简单明了，易于理解，便于掌握。总账根据记账凭证登记，详细反映经济业务情况，来龙去脉清楚，便于了解经济业务动态，便于进行账证核对工作。这种核算程序的缺点是：总账根据记账凭证直接登记，总账登记工作量较大；总账与明细账的内容相类似，起不到总括功能。这种核算形式适用于规模小、经济业务量较少的企业。

7.3 科目汇总表核算组织程序

7.3.1 科目汇总表核算组织程序的特点

科目汇总表核算组织程序是指对发生的经济业务，根据原始凭证或原始凭证汇总表编制记账凭证，定期根据记账凭证编制科目汇总表，再根据科目汇总表登记总账的会计核算组织程序。

科目汇总表核算组织程序的特点是定期编制科目汇总表，根据科目汇总表登记总账。这种核算程序，在记账凭证和总账之间增加科目汇总表，即试算平衡过程中的发生额平衡表。

科目汇总表核算组织程序采用通用记账凭证，并编制科目汇总表；库存现金日记账、银行存款日记账和总账采用三栏式订本账；各类明细账根据登记内容不同以及经营管理的需要，采用三栏式、多栏式、数量金额式活页账。

7.3.2 科目汇总表核算组织程序的步骤

科目汇总表核算组织程序的步骤如下：

（1）根据原始凭证或原始凭证汇总表填制记账凭证；

（2）将涉及货币资金增减的记账凭证交给出纳员登记库存现金日记账和银行存款日账；

（3）根据所有记账凭证及所附原始凭证登记各种明细账；

（4）根据所有记账凭证编制科目汇总表；

（5）根据科目汇总表登记总账；

（6）月末，将日记账、总账和各类明细账相关账户发生额、余额核对相符；

（7）根据总账、明细账数据资料编制财务报告。

科目汇总表核算组织程序基本步骤如图 7－2 所示。

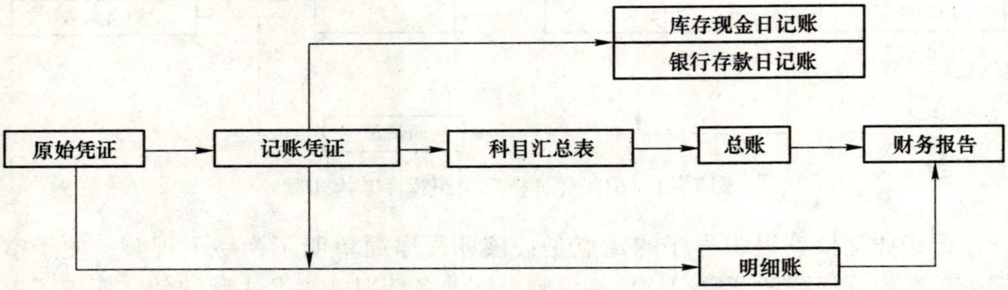

图 7－2 科目汇总表核算组织程序基本步骤

科目汇总表核算组织程序的优点是：采用科目汇总表登记总账，大大减轻了登记总账的工作量；通过科目汇总表的编制，可以对发生额进行试算平衡，能及时发现记账凭证填制和汇总中的错误。这种核算程序的缺点是：科目汇总表不能反映账户之间的对应关系，不能了解经济业务的具体内容。这种核算形式适用于规模较大、经济业务量较多的企业。

7.3.3 科目汇总表的编制方法

科目汇总表，又称记账凭证汇总表，是根据一定时期的全部记账凭证，按每一个会计科目归类，定期汇总每一个会计科目的借方发生额和贷方发生额而编制的记账凭证。对于库存现金和银行存款，也可以根据库存现金日记账和银行存款日记账相应合计数填列，可以简化汇总的工作量。科目汇总表格式见表 7－1。

科目汇总表编制方法是：将所有总账科目，按照会计科目表所列顺序填写在科目汇总表中。不同的是，本年利润和利润分配两个会计科目要填列在最后两行。

根据所有记账凭证，按照总科目进行归类，分别汇总计算每一科目的借方发生额和贷方发生额，填写在科目汇总表的相应位置。每一科目的汇总过程一般通过丁字账进行。

最后计算合计金额，由于借贷记账法“有借必有贷，借贷必相等”的记账规则，所以具有平衡关系。如果出现不平衡，可以通过丁字账按照一定方法进行查找。

表7-1 科目汇总表

科 目 汇 总 表

年 月　　　　单位：元

会计科目	借方金额	贷方金额
合 计		

7.3.4 科目汇总表编制实例

下面以制造业会计核算实例的资料，介绍科目汇总表的填制方法。首先需要使用丁字账对会计分录（即记账凭证）进行汇总，按顺序排列登记。

1 借方 库存现金 贷方

借方		贷方	
(44)	300	(7)	1000
		(43)	2000
本期发生额：	300	本期发生额：	3000

2 借方 银行存款 贷方

借方		贷方	
(1)	500000	(5)	60900
(3)	60000	(6)	11700
(27)	46800	(10)	23400
(29)	20000	(11)	40000
(38)	2340	(13)	70200
		(14)	8800
		(18)	18300
		(22)	150000
		(23)	3300
		(24)	1000
		(31-1)	12000
		(35)	11000
		(41)	3000
		(42)	553
		(45)	4000
		(50)	800
本期发生额：	629140	本期发生额：	418953

3 借方 应收账款 贷方

借方		贷方	
(28)	105300		
本期发生额：	105300	本期发生额：	—

4 借方 预付账款 贷方

(11)	40000	(12)	35100
(23)	3300	(31-2)	3000
(31-1)	12000	(45-2)	1000
(45-1)	4000		
本期发生额：	59300	本期发生额：	39100

5 借方 其他应收款 贷方

(43)	2000	(44)	2000
本期发生额：	2000	本期发生额：	2000

6 借方 在途物资 贷方

(6)	10000	(8)	11000
(7)	1000	(15)	68800
(9)	20000		
(12)	30000		
(13)	60000		
(14)	8800		
本期发生额：	129800	本期发生额：	79800

7 借方 原材料 贷方

(8)	11000	(16)	80000
(15)	68800	(17)	1000
		(39)	1600
本期发生额：	79800	本期发生：	82600

8 借方 库存商品 贷方

(26)	179480	(34)	69500
本期发生额：	179480	本期发生额：	69500

9 借方 固定资产 贷方

(2)	20000		
本期发生额：	20000	本期发生额：	—

10 借方 累计折旧 贷方

		(19)	14000
本期发生额：	—	本期发生额：	14000

11 借方 短期借款 贷方

(5)	60000	(3)	60000
本期发生额：	60000	本期发生额：	60000

12 借方 应付账款 贷方

(10)	23400	(9)	23400
本期发生额：	23400	本期发生额：	23400

13 借方 预收账款 贷方

(30)	11700	(29)	20000
本期发生额：	11700	本期发生额：	20000

14 借方 应付职工薪酬 贷方

(22)	150000	(20)	150000
		(21)	21000
本期发生额:	150000	本期发生额:	171000

15 借方 应交税费 贷方

(6)	1700	(27)	6800
(9)	3400	(28)	15300
(12)	5100	(30)	1700
(13)	10200	(32)	238
(35)	11000	(33)	102
		(38)	340
		(48)	5000
本期发生额:	31400	本期发生额:	29480

16 借方 应付利息 贷方

(5)	900	(4)	300
本期发生额:	900	本期发生额:	300

17 借方 应付股利 贷方

		(52)	350000
本期发生额:	—	本期发生额:	350000

18 借方 其他应付款 贷方

(40)	1000	(36)	3000
(50)	800	(37)	2250
本期发生额:	1800	本期发生额:	5250

19 借方 实收资本 贷方

		(1)	500000
		(2)	20000
本期发生额:	—	本期发生额:	520000

20 借方 盈余公积 贷方

		(51)	1222
本期发生额:	—	本期发生额:	1222

21 借方 生产成本 贷方

(16)	80000	(26)	179480
(20)	100000		
(21)	14000		
(25)	51800		
本期发生额:	245800	本期发生额:	179480

22 借方 制造费用 贷方

(17)	1000	(25)	51800
(18)	17000		
(19)	10000		
(20)	20000		
(21)	2800		
(24)	1000		
本期发生额:	51800	本期发生额:	51800

23 借方 主营业务收入 贷方

(46)	140000	(27)	40000
		(28)	90000
		(30)	10000
本期发生额:	140000	本期发生额:	140000

24 借方 其他业务收入 贷方

(46)	2000	(38)	2000
本期发生额：	2000	本期发生额：	2000

25 借方 营业外收入 贷方

(46)	1000	(40)	1000
本期发生额：	1000	本期发生额：	1000

26 借方 主营业务成本 贷方

(34)	69500	(47)	69500
本期发生额：	69500	本期发生额：	69500

27 借方 其他业务成本 贷方

(39)	1600	(47)	1600
本期发生额：	1600	本期发生额：	1600

28 借方 营业税金及附加 贷方

(32)	238	(47)	340
(33)	102		
本期发生额：	340	本期发生额：	340

29 借方 销售费用 贷方

(31-2)	3000	(47)	3000
本期发生额：	3000	本期发生额：	3000

30 借方 管理费用 贷方

(18)	1300	(47)	47450
(19)	4000		
(20)	30000		
(21)	4200		
(36)	3000		
(37)	2250		
(44)	1700		
(45-2)	1000		
本期发生额：	47450	本期发生额：	47450

31 借方 财务费用 贷方

(4)	300	(47)	853
(42)	553		
本期发生额：	853	本期发生额：	853

32 借方 营业外支出 贷方

(41)	3000	(47)	3000
本期发生额：	3000	本期发生额：	3000

33 借方 所得税费用 贷方

(48)	5000	(49)	5000
本期发生额：	5000	本期发生额：	5000

34 借方 本年利润 贷方

借方		贷方	
(47)	125743	(46)	143000
(49)	5000		
(53)	12257		
本期发生额：	143000	本期发生额：	143000

35 借方 利润分配 贷方

借方		贷方	
(51)	1222	(53)	12257
(52)	350000		
本期发生额：	351222	本期发生额：	12257

根据丁字账本期发生额汇总结果，编制科目汇总表。表中的会计科目按顺序进行排列，最后列出本年利润和利润分配科目，这样对账时容易查找。科目汇总表填制结果见表7－2。

表7－2 科目汇总表

科 目 汇 总 表

单位：元

会计科目	借方发生额	贷方发生额
库存现金	300	3000
银行存款	629140	418953
应收账款	105300	—
预付账款	59300	39100
其他应收款	2000	2000
在途物资	129800	79800
原材料	79800	82600
库存商品	179480	69500
固定资产	20000	—
累计折旧	—	14000
短期借款	60000	60000
应付账款	23400	23400
预收账款	11700	20000
应付职工薪酬	150000	171000
应交税费	31400	29480
应付利息	900	300
应付股利	—	350000
其他应付款	1800	5250
实收资本	—	520000
盈余公积	—	1222
生产成本	245800	179480
制造费用	51800	51800

续表 7-2

会计科目	借方发生额	贷方发生额
主营业务收入	140000	140000
其他业务收入	2000	2000
营业外收入	1000	1000
主营业务成本	69500	69500
其他业务成本	1600	1600
营业税金及附加	340	340
销售费用	3000	3000
管理费用	47450	47450
财务费用	853	853
营业外支出	3000	3000
所得税费用	5000	5000
本年利润	143000	143000
利润分配	351222	12257
合 计	2549885	2549885

7.4 汇总记账凭证核算组织程序

7.4.1 汇总记账凭证核算组织程序的特点

汇总记账凭证核算组织程序是指对发生的经济业务，根据原始凭证或原始凭证汇总表，编制收款凭证、付款凭证和转账凭证，根据专用凭证编制汇总记账凭证，再根据汇总记账凭证登记总账的会计核算组织程序。

汇总记账凭证核算组织程序的特点是：定期将所有记账凭证按收款凭证、付款凭证和转账凭证分别归类编制汇总记账凭证，根据汇总记账凭证登记总账。这种程序，在记账凭证和总账之间增加汇总记账凭证。

汇总记账凭证核算组织程序采用收款凭证、付款凭证、转账凭证等专用记账凭证，并分类编制汇总记账凭证；库存现金日记账、银行存款日记账和总账采用三栏式订本账；各类明细账根据登记内容不同以及经营管理的需要，采用三栏式、多栏式、数量金额式活页账。

下面介绍汇总记账凭证的编制方法。

汇总记账凭证是指对一定时期内全部记账凭证，根据收款凭证、付款凭证和转账凭证的类别，按照以借方或贷方为依据进行汇总的一种记账凭证。在汇总记账凭证中，能够反映账户之间的对应关系。

汇总记账凭证按汇总内容不同，分为汇总收款凭证、汇总付款凭证、汇总转账凭证三种，格式见表7－3～表7－5。

表7－3 汇总收款凭证

汇 总 收 款 凭 证

借方科目： 年 月 第 号

贷方科目	金额
合计	

表7－4 汇总付款凭证

汇 总 付 款 凭 证

贷方科目： 年 月 第 号

借方科目	金额
合计	

表7－5 汇总转账凭证

汇 总 转 账 凭 证

贷方科目： 年 月 第 号

借方科目	金额
合计	

7.4.2 汇总记账凭证的编制方法

7.4.2.1 汇总收款凭证的编制方法

汇总收款凭证是对一定时期的全部收款凭证按照借方设置、按照贷方进行归类汇总的一种记账凭证。汇总收款凭证有库存现金汇总收款凭证和银行存款汇总收款凭证两类。

汇总时，将与库存现金或银行存款相对应的贷方科目，按照会计科目表顺序填写在汇总收款凭证的表内，同一贷方科目的发生额相加，填写在金额栏，贷方科目的汇总过程可通过丁字账进行，出现问题便于查找。最后计算汇总收款凭证合计金额。

7.4.2.2　汇总付款凭证的编制方法

汇总付款凭证是对一定时期的全部付款凭证按照贷方设置、按照借方进行归类汇总的一种记账凭证。汇总付款凭证有库存现金汇总付款凭证和银行存款汇总付款凭证两类。

汇总时，将与库存现金或银行存款相对应的借方科目，按照会计科目表顺序填写在汇总付款凭证的表内，同一借方科目的发生额相加，填写在金额栏，借方科目的汇总过程可通过丁字账进行，出现问题便于查找。最后计算汇总付款凭证合计金额。

7.4.2.3　汇总转账凭证的编制方法

汇总转账凭证是对一定时期的全部转账凭证按照每一贷方设置、按照借方进行归类汇总的一种记账凭证。转账凭证贷方有几个不同的会计科目，就需要填制相同张数的汇总转账凭证。

汇总时，转账凭证某一贷方科目填写在汇总转账凭证表格外，与该科目对应的借方科目按照会计科目表顺序填写在表内，同一借方科目的发生额相加，填写在金额栏，借方科目的汇总过程同样通过丁字账进行。最后计算汇总转账凭证合计金额。

由于汇总转账凭证是以贷方为依据进行汇总编制的，并且反映账户之间的对应关系，因此在转账凭证的填制时，只能是一个贷方科目与一个或几个借方科目相对应，即只能填制一借一贷或一贷多借的转账凭证。

7.4.3　汇总记账凭证核算组织程序的步骤

（1）根据原始凭证或原始凭证汇总表填制收款凭证、付款凭证、转账凭证；

（2）将收款凭证、付款凭证交给出纳员登记库存现金日记账和银行存款日账；

（3）根据所有记账凭证及所附原始凭证登记各种明细账；

（4）根据所有记账凭证编制汇总记账凭证；

（5）根据各种汇总记账凭证登记总账；

（6）月末，将日记账、总账和各类明细账相关账户发生额、余额核对相符；

（7）根据总账、明细账数据资料编制财务报告。

汇总记账凭证核算组织程序基本步骤如图 7 - 3 所示。

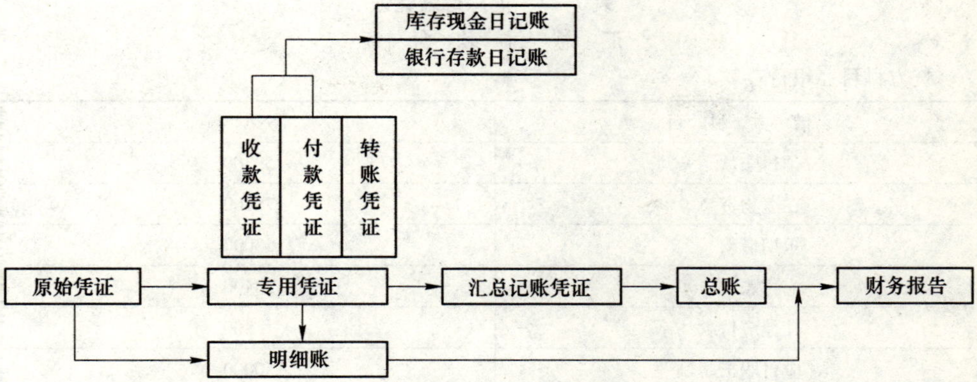

图 7-3 汇总记账凭证核算组织程序基本步骤

汇总记账凭证核算组织程序与记账凭证程序和科目汇总表程序相比，其优点是：汇总记账凭证，是根据一定时期内全部记账凭证，按照账户对应关系进行归类、汇总编制的，便于通过有关科目之间的对应关系，了解经济业务的来龙去脉，克服了科目汇总表的缺点；在汇总记账凭证核算程序下，总账根据汇总记账凭证登记，减少了登记总账的工作量，克服了记账凭证核算程序的缺点。

这种核算程序的缺点是：汇总转账凭证是按照每一贷方科目，而不是按照经济业务的性质归类、汇总的，因此不利于会计核算的分工，汇总转账凭证的编制工作量较大。

汇总记账凭证核算组织程序适用于规模大、经济业务量繁多的企业。

7.4.4 汇总记账凭证编制实例

下面以制造业专用记账凭证填制实例中的银行存款收款凭证、付款凭证为例，介绍银行存款汇总收款凭证、汇总付款凭证的编制方法，见表 7-6 和表 7-7。

表 7-6 汇总收款凭证

汇 总 收 款 凭 证

借方科目：银行存款

贷 方 科 目	金 额
短期借款	60000
预收账款	20000
应交税费	7140
实收资本	500000
主营业务收入	40000
其他业务收入	2000
合 计	629140

表7-7 汇总付款凭证

汇 总 付 款 凭 证

贷方科目：银行存款

借 方 科 目	金 额
预付账款	59300
在途物资	78800
短期借款	60000
应付账款	23400
其他应付款	800
应付职工薪酬	150000
应交税费	22900
应付利息	900
制造费用	18000
管理费用	1300
财务费用	553
营业外支出	3000
合 计	418953

在编制银行存款汇总付款凭证时，由于银行存款付款凭证上涉及预付账款账户的发生额较多，为了提高汇总工作的准确性，出现差错容易查找，通过丁字账对预付账款进行汇总。

借方	预付账款	贷方
（11）	40000	
（23）	3300	
（31）	12000	
（45）	4000	
本期发生额：	59300	本期发生额：—

需要注意的是，丁字账只对付款凭证中银行存款进行汇总，借方对应的是预付账款账户。其他情况下的预付账款不应当考虑，所以预付账款贷方不进行登记。

8 会计工作组织

8.1 会计工作组织的作用与要求

8.1.1 科学组织会计工作的作用

为了充分发挥会计核算在企业经营管理中的作用，保证会计工作的顺利进行，发挥会计职能，必须结合企业自身特点和会计工作的具体情况，合理组织会计核算工作。

会计工作组织是指对会计机构的设置、会计人员的配备、会计制度的制定与执行等工作所做的统筹安排。科学组织会计工作，有以下作用：

（1）能够提高会计工作的质量和效率。会计工作是具有严密程序的管理工作，会计所记录的经济业务错综复杂，对经济活动从会计凭证到账簿最后到财务报告，需要计算、记录、分类、汇总、分析、检查等一系列处理程序。为了保证会计工作的顺利进行，需要有专职机构和人员，有具体工作制度和工作程序，才能提高会计核算的质量和效率。

（2）能够提高整个企业经济管理水平。会计工作作为经济管理工作的重要组成部分，企业所发生的各项经济活动，都需要会计的参与，进行反映核算和监督控制。会计工作与其他管理工作互相补充、相互协调。正确组织会计工作。对于提高企业各个部门的管理水平，具有重要作用。

（3）能够加强企业内部经济责任制。经济责任制是企业提高经营管理水平的重要手段。企业实行内部经济责任制离不开会计的核算和监督工作。企业经营的预测、决策，业绩评价、考核等，也离不开会计工作。科学地组织会计工作，是履行经济责任制，管好用好资金，增收节支的必要前提。

8.1.2 科学组织会计工作的要求

做好会计工作，提高会计工作质量和效率，需要遵循以下要求：

（1）遵守国家对会计工作的统一规定。国家对会计工作有统一的法规规定，这些法规性文件对于指导企业日常会计工作具有重要意义。企业会计工作要严格按照国家有关会计的法规、制度进行，只有这样才能使各企业会计信息具有可比性，满足社会各方面的需求。

（2）适应本企业的经营管理特点。会计工作和会计核算方法有许多选择余地，企业应该根据自身特点设置会计机构、配备会计人员、制定会计规章制度，选择适合本企业的会计核算形式，合理组织会计工作。

（3）符合精简节约的原则。在保证会计核算质量的前提下，会计工作力求精简节约。会计机构和会计人员设置合理精干，会计凭证、账簿及财务报告的设置与填制合理高效，会计核算过程简单实用，能够提高会计核算效率和会计信息处理水平。

8.2 会计机构与会计人员

8.2.1 会计机构

会计机构是指直接从事和组织会计工作的职能部门。建立和健全会计机构，是保证会计工作顺利进行的前提条件。

独立核算企业都应当设置会计机构。个别规模小、业务简单企业，可以在有关机构中设置会计人员并指定会计主管人员；不具备设置条件的，应当委托中介机构代理记账。

会计机构是综合性经济管理部门，需要与企业其他职能部门、生产经营部门协调工作，并接受上级管理机构，国家财政、税务、审计等行政管理部门的指导与监督。

企业会计工作的组织形式，一般分为集中核算和非集中核算两种。

集中核算就是企业所有会计工作都集中在会计部门进行。企业内部其他部门和下属单位只负责本部门发生经济业务填制原始凭证。具体的会计核算工作，如原始凭证的审核、记账凭证的填制、账簿的登记、财务报告的编制，均由企业财会部门完成。

非集中核算就是将会计工作分散在企业有关部门进行，各部门或下属机构在企业财会部门指导下负责本部门范围内的会计工作，厂级财会部门只负责汇总工作。

一个企业的会计工作组织形式，是采用集中核算还是非集中核算，主要取决于规模大小和经营管理的需要。一般来说，企业规模较大，实行分级管理、分级核算时，采用非集中核算，有利于各部门经营活动的日常考核，经营管理出现问题能够及时解决。企业规模小，日常经济业务不多，需要采用集中核算，从而减少核算层次，精简会计机构和会计人员，提高会计工作效率。

企业会计机构的工作划分为若干岗位，每个岗位规定职责和要求，以利于合理使用人力，提高各岗位会计人员的责任感和纪律性。

企业会计岗位一般有：会计主管、出纳、财产物资核算、工资核算、成本费用核算、收入利润核算、往来结算、总账和财务报告、稽核等。每个工作岗位的会计人员所承担的职责，要作出具体规定。

会计工作岗位可以实行一人一岗、一人多岗或一岗多人，但出纳人员不能兼任稽核、会计档案保管和收入、费用、债权、债务账簿的登记工作，避免弄虚作假，监守自盗。

实行岗位责任制，并不要求会计人员长期固定在某一工作岗位上。会计人员之间应该有计划地进行轮换，以便会计人员全面熟悉其他会计工作，提高业务水平。

8.2.2 会计人员

8.2.2.1 会计人员的从业资格

有关会计人员从业资格的规定如下：

（1）基本条件：坚持原则，具有良好的道德品质；遵守国家法律法规；具备一定的会计专业知识和技能；热爱会计工作，秉公办事。

（2）取得会计从业资格。具备大学专科以上会计专业学历，符合基本条件的人员，直接申请取得从业资格。不具备规定学历的，需要通过考试取得会计从业资格。

8.2.2.2 会计人员的主要职责

会计人员的主要职责有：

（1）进行会计核算。会计人员按照会计制度的规定，做好记账、算账、报账工作。会计核算是会计基本职能，也是会计人员的基本职责。通过会计核算，保证各类会计资料的准确无误，正确计算企业盈亏，及时提供会计信息，满足各方面的需要。

（2）实行会计监督。通过会计工作，对企业各项经济业务和会计手续的合法性、合理性进行监督。对不真实、不合法的原始凭证不予受理，对账实不符的问题按照有关规定及时进行处理。会计人员要对企业生产经营活动和会计核算各个环节进行监督，以提高经营管理水平，保证会计信息质量。

（3）拟定本单位办理会计事务的具体办法。企业要根据国家颁布的会计法规，结合本企业特点和需要，建立企业内部使用的会计事项的处理办法，包括会计人员岗位责任制度、钱财分管制度、内部稽核制度、财产清查制度、成本计算办法、会计政策的选择以及会计档案的保管制度等。

（4）办理其他会计事务。做好有关经济管理工作，参与企业计划、预测、决策工作，普及会计知识，提高企业经营管理水平。

8.2.2.3 会计人员的权限

(1) 有权要求各部门和人员执行国家的计划、预算，遵守国家财经纪律和财务会计制度；

(2) 有权参加企业有关生产、经营管理方面的会议，有权提出有关财务开支和经济效益方面的问题和意见；

(3) 有权监督检查各部门的财务收支、资金使用和财产保管、收发、计量检验等情况；

(4) 有权要求企业有关部门、人员提供同会计工作有关的情况和资料；

(5) 对于违反法令、制度、规定的事情，有权拒绝办理；

(6) 对于执行职务中发现的问题，有权向企业领导、上级、财政部门报告，提请处理。

8.2.2.4 会计人员职业道德的规范

财会部门是企业重要的经济管理部门，会计工作是企业重要的经济管理工作，因此会计人员需要具备较高的职业道德素质：

(1) 职业素养：会计人员要不断学习钻研专业技术知识，关注国家经济发展，及时掌握财会政策法规的变化，认真履行会计工作职责，提高会计工作的质量。

(2) 道德素养：会计人员要忠于职守，廉洁奉公，诚实守信。在日常会计工作中严格遵守会计法规制度办事，坚持原则，抵制和反对各种违法乱纪行为。

8.2.2.5 会计人员的法律责任

企业有下述行为之一的，由县以上人民政府财政部门责令限期改正，可以对单位并处3000元以上50000元以下的罚款；对其直接负责的主管人员和其他直接责任人员，可以处2000元以上20000元以下的罚款；属于国家工作人员的，还应当由其所在单位或者有关单位依法给予行政处分。有下列行为之一，构成犯罪的，依法追究刑事责任。

会计人员有下列行为之一，情节严重的，由县级以上人民政府财政部门吊销会计从业资格证书。有关法律另有规定的，依照有关法律的规定办理。

(1) 不依法设置账簿的；

(2) 私设会计账簿的；

(3) 未按照规定填制、取得原始凭证或者填制、取得的原始凭证不符合规定的；

(4) 以未经审核的会计凭证为依据登记会计账簿或者登记会计账簿不符合规定的；

(5) 随意变更会计处理方法的；

（6）向不同的会计资料使用者提供的财务会计报告编制依据不一致的；

（7）未按照规定使用会计记录文字或者记账本位币的；

（8）未按照规定保管会计资料，致使会计资料毁损、灭失的；

（9）未按照规定建立并实施单位内部会计监督制度或者拒绝依法实施的监督或者不如实提供有关会计资料及有关情况的；

（10）任用会计人员不符合会计法规定的。

伪造、变造会计凭证、会计账簿，编制虚假财务会计报告，构成犯罪的，依法追究刑事责任。尚不构成犯罪的，由县级以上人民政府财政部门予以通报，可以对单位并处5000元以上100000元以下的罚款；对其直接负责的主管人员和其他直接责任人员，可以处3000元以上50000元以下的罚款；属于国家工作人员的，还应当由其所在单位或者有关单位依法给予撤职直至开除的行政处分；对其中的会计人员，并由县级以上人民政府财政部门吊销会计从业资格证书。

隐匿或者故意销毁依法应当保存的会计凭证、会计账簿、财务会计报告，构成犯罪的，依法追究刑事责任。尚不构成犯罪的，由县级以上人民政府财政部门予以通报，可以对单位并处5000元以上100000元以下的罚款；对其直接负责的主管人员和其他直接责任人员，可以处3000元以上50000元以下的罚款；属于国家工作人员的，还应当由其所在单位或者有关单位依法给予撤职直至开除的行政处分；对其中的会计人员，并由县级以上人民政府财政部门吊销会计从业资格证书。

授意、指使、强令会计机构、会计人员及其他人员伪造、变造会计凭证、会计账簿，编制虚假财务会计报告或者隐匿、故意销毁依法应当保存的会计凭证、会计账簿、财务会计报告，构成犯罪的，依法追究刑事责任；尚不构成犯罪的，可以处5000元以上50000元以下的罚款；属于国家工作人员的，还应当由其所在单位或者有关单位依法给予降级、撤职、开除的行政处分。

单位负责人对依法履行职责、抵制违反本法规定行为的会计人员以降级、撤职、调离工作岗位、解聘或者开除等方式实行打击报复，构成犯罪的，依法追究刑事责任；尚不构成犯罪的，由其所在单位或者有关单位依法给予行政处分。对受打击报复的会计人员，应当恢复其名誉和原有职务、级别。

财政部门及有关行政部门的工作人员在实施监督管理中滥用职权、玩忽职守、徇私舞弊或者泄露国家秘密、商业秘密，构成犯罪的，依法追究刑事责任；尚不构成犯罪的，依法给予行政处分。

8.2.2.6 会计人员的专业技术职务与总会计师制度

会计人员的专业技术职务分为会计员、助理会计师、会计师、高级会计师。我国会计人员的专业技术职务任职资格采取考试制度。考试分为会计员、助理会计师和会计师资格考试，按在会计岗位的工作年限，逐级申请报考。高级会计师职务采用资格考试与评定相结合方式确定。

会计人员必须首先取得专业技术职务任职资格，然后由各企业根据会计工作需要和本人的工作表现，按规定聘任专业技术职务。

总会计师是在企业负责人的领导下，主管经济核算和财务会计工作的负责人。大、中型企业需要设置总会计师，小型企业要指定企业副职行使总会计师的职权。按照会计法规定，国有或国有资产占控股地位或者主导地位的大、中型企业必须设置总会计师。

总会计师是企业领导成员，协助企业主要行政领导的工作，直接对企业领导负责。总会计师组织领导本企业的财务管理、成本管理、预算管理、会计核算和会计监督等方面的工作，参与本企业重要经济问题的分析与决策，并具体组织本企业执行国家有关财经法律、法规、政策和制度。

总会计师是一个行政职务，不是会计人员专业技术职务。

8.3 会计法律规范

我国会计法律规范是以《会计法》为中心，以国家统一的会计制度为基础的相对比较完整的法规体系。我国企业会计法规体系包括三个层次：第一层次是会计法，是从事会计工作、制定其他各种会计法规的依据；第二层次是会计准则，是财政部制定，报国务院批准后颁发，对会计核算具有约束力的规范；第三层次是企业会计制度，是根据会计法和会计准则制定的企业会计核算的具体规范和标准。

8.3.1 会计法

《会计法》是会计法律规范体系的最高层次，是调整会计关系、规范会计活动的基本法，是指导会计工作的最高准则。我国在1985年5月21日开始实施第一部会计法，1993年12月29日颁布实行了修改后的会计法。2000年7月1日开始执行第二次修改的会计法。

会计法的内容包括总则，会计核算，公司、企业会计核算的特别规定，会计监督，会计机构和会计人员，法律责任及附则。

会计法基本宗旨是规范会计行为，保证会计信息质量。会计法规定了会计核算和会计记账的基本制度和规则，规定了企业负责人对会计工作和会计资料真实性、完整性的责任制，并承担相应的法律责任；规定了会计人员的资格管理和会计活动的制约与监督，并明确对违法行为的处罚；提出了建立、健全单位内部会计监管制度，按照现代企业要求加强内部控制；明确了会计核算的确认和计量问题，要求国家实行统一的会计制度。

8.3.2 会计准则

会计准则又称会计原则，是将会计理论转化为会计方法和程序的指导思想，是处理会计工作的规范，是评价会计工作及会计信息质量的标准。我国在1992年发布了第一个会计准则——《企业会计准则——基本准则》，从1997年7月1日开始实施。随着社会经济的不断发展，会计环境变化很大。我国会计准则也在不断调整完善之中。2007年1月1日，我国开始执行新的企业会计准则。新企业会计准则包括1项基本准则和38项具体准则。基本准则内容包括总则、会计信息质量要求的规定、会计要素准则的规定、会计计量的规定、财务报告及会计报表体系的规定。具体准则涉及会计核算的具体业务，体现基本准则的要求，是进行会计处理和解决会计实务问题的依据。具体准则内容包括存货、投资性房地产、固定资产等38项，见表8－1。

表8－1 企业38项具体准则

序号	准则名称	序号	准则名称
1	存货	20	企业合并
2	长期股权投资	21	租赁
3	投资性房地产	22	金融工具确认和计量
4	固定资产	23	金融资产转移
5	生物资产	24	套期保值
6	无形资产	25	原保险合同
7	非货币性资产交换	26	再保险合同
8	资产减值	27	石油天然气开采
9	职工薪酬	28	会计政策、会计估计变更和差错更正
10	企业年金基金	29	资产负债表日后事项
11	股份支付	30	财务报表列报
12	债务重组	31	现金流量表
13	或有事项	32	中期财务报告
14	收入	33	合并财务报表
15	建造合同	34	每股收益
16	政府补贴	35	分部报告
17	借款费用	36	关联方披露
18	所得税	37	金融工具列报
19	外币折算	38	首次执行企业会计准则

8.3.3　企业会计制度

会计制度是处理会计事项的规范和标准。为保证各个企业会计工作有组织、有秩序地进行，充分发挥会计核算、会计监督的职能，需要制定科学合理的企业会计制度。在企业会计制度中，规定会计科目与账簿的设置、会计人员的配备、账务处理办法、财务报告的编制等。

建立完善、适用的企业会计制度是搞好会计核算工作的基础，是提高会计信息质量和企业经营管理水平的前提。

8.4　会计档案

8.4.1　会计档案的内容

会计档案是记录和反映企业经济事项的重要历史资料和证据，包括会计凭证、各种账簿和财务报告，以及其他有关财务会计工作应当集中保管的文件。

会计档案是国家经济档案的重要组成部分，是企业日常发生的各项经济活动的历史记录，是企业总结经营管理经验、进行预测、决策所需的主要资料，是检查经济财务问题，防止贪污舞弊的重要依据。企业的会计部门对会计档案要高度重视。大、中型企业要建立会计档案室，小型企业要有会计档案柜，并指定专人负责。会计档案要建立严密的保管制度，不能丢失、损坏、抽换和任意销毁。

企业会计档案包括以下内容：

（1）会计凭证类，如原始凭证、记账凭证、汇总凭证等。

（2）账簿类，如总账、明细账、日记账等。

（3）财务报告类，如月度、季度、半年及年度财务报告。

（4）其他类，如银行存款调节表、银行对账单、会计档案移交清册、会计档案保管清册、会计档案销毁清册等。

会计档案要分类保管，调阅会计档案要履行一定手续。根据会计档案的不同特点，保管期限有定期和永久两类，定期保管分为3年、5年、10年、15年、25年，到期要予以销毁。

8.4.2　会计档案的保管期限

各种会计档案的保管期限见表8-2。

各类会计档案保管期满后需要销毁。企业按照会计档案的管理规定，对销毁的会计档案填写清单，报经批准后实施，并由档案部门和会计部门进行监督。

表8-2 企业会计档案保管期限表

序号	档案名称	保管期限
	一、会计凭证类	
1	原始凭证	15年
2	记账凭证	15年
3	汇总凭证	15年
	二、账簿类	
4	总账	15年
5	明细账	15年
6	库存现金、银行存款日记账	25年
	三、财务报告类	
7	月、季财务报告	3年
8	年度财务报告（决算）	永久
	四、其他会计资料类	
9	会计移交清册	15年
10	会计档案保管清册	永久
11	会计档案销毁清册	永久
12	银行存款余额调节表	5年
13	银行对账单	5年

参考文献

[1] 程勇．会计学基础［M］．北京：北京大学出版社，2015.
[2] 崔智敏，陈爱玲．会计学基础［M］．北京：中国人民大学出版社，2015.
[3] 王允平．会计学基础［M］．北京：经济科学出版社，2013.
[4] 中华人民共和国财政部．企业会计准则［M］．上海：立信会计出版社，2006.
[5] 中华人民共和国会计法［M］．北京：法律出版社，1999.